## 하두, 편지

우리나라 큰스님들이 이루어 놓은 영롱한 文字舍利

## 화두, 편지

고요아침

■ 책머리에

## 마음속을 환히 밝히는 큰스님들의 주옥珠玉 같은 화두

　내가 모시고 있던 경봉 스님이 입적을 하고 11년이라는 긴 세월이 흘러갔다. 17세에 출가를 한 이후에 43년 동안 경봉 스님을 선사先師로 모시고 있던 나에게 스님의 입적은 커다란 슬픔이 되었다. 서예에 뛰어나고 시와 차를 즐겼던 생전의 모습이 눈앞에 어른거렸다.

　그러나 이대로 가만히 선사를 그리워하고 사는 것으로 선사의 은혜를 다할 수 없다는 것을 깨달은 건 지금으로부터 7년 전이었다. 선사가 남긴 서예와 시, 그리고 유품들을 정리하면서 무엇인가를 하지 않으면 안 된다는 생각이 들었기 때문이다.

　선사가 남긴 유품들은 이 세상에 둘도 없는 보물들이었다. 그중에서도 큰 스님들의 서찰이 있었는데 라면박스로 다섯 박스가 족히 넘었다. 색이 바래고 때론 쥐똥이 묻은 편지들이었다. 종이가 귀했던 시절이라 찢은 도포자락에 쓰여진 서찰, 때론 죽순잎이나 나뭇껍질 등에 쓰여진 글들도 있었으나 아쉽게도 그것들은 해독이 불가능했고, 그중에는 경봉 스님이 다른 종이에 옮겨 써 그 내용이 보관되어 있는 것들도 있었다.

초서로 된 그 편지들은 하나씩 읽을 때마다 주옥 같은 문장들이었고 삶을 깨쳐 주는 순도 높은 삶의 화두들은 다시는 이 세상에 태어날 수 없을 것 같았다.

한용운, 경봉, 경허, 탄허, 효봉, 성철 등 우리나라의 큰스님들이 나눈 이 편지들보다 더 절창인 문장은 어디에 또 있겠는가. 그것은 한마디로 한국 불교의 역사에 다름 아니었다. 이러할진대 신새벽 감로수에 먹을 갈아 한 소식 한소식 툭툭 던지듯이 오가는 문답이며 절집 살림살이, 대웅전 뒤 대숲을 스치는 바람 소리, 간밤 시름을 쏟아내는 풍경 소리를 버무려 닦은 큰스님들의 서간문이 마음속에 그대로의 향연香煙이 되어 떠오르는 것은 어쩌면 당연한 일인지도 모른다.

나는 큰스님들의 화두를 세상에 알리기 위해 번역에 들어갔다. 이미 닳아 없어져 해독하기가 불가능한 편지도 있었으며 더욱이 학문이 짧아 모르는 한자도 있었지만 그것들은 주위에서 자문을 얻었다. 그러나 이를 모두 번역하는 데는 무려 2년이라는 많은 시간이 걸렸다. 번역 작업을 하면서 아쉬웠던 것은 연대가 거의 불투명하다는 것과 편지를 주고 받은 장소가 나타나지 않는다는 점이었다. 실로 힘든 작업이었다. 몸이 아파 열병을 앓았으며 그럴 때마다 큰스님의 고함소리가 귓가에 울렸다.

"물건이 때를 만나니 각기 향기를 얻어 온화한 바람이 이르는 곳에 모두 봄볕일세."라는 경봉 스님의 문장이 떠오른다. 아마 이 서찰의 번역을 스님은 원하고 있을 것이다. 사람이 살아가는 데 깨쳐야 할 만법의 진리가 곧 이 속에 들어 있으며 이는 어떤 불경보다도 뛰어난 경전에 다름 아니기 때문이다.

한마디로 이 서간문은 근세 우리나라 큰스님들이 이루어 놓은 영롱한 문자사리文字舍利라고 할 수 있다. 끝으로 이 책의 발간을 위해 힘써 주신 여러 외우畏友들에게 감사드린다.

2004년 가을에

명정

 차례

삼독번뇌(三毒煩惱) | 고봉 스님이 경봉 스님에게 13
속세의 인연 | 벽안 스님이 경봉 스님에게 16
버리지 못할 인연 | 경봉 스님이 벽안 스님에게 18
인연 | 김정헌 거사가 경봉 스님에게 20
무심하라 | 경봉 스님이 김정헌 거사에게 22
목숨 | 경봉 스님이 환경 스님에게 24
일념 | 환경 스님이 경봉 스님에게 26
길은 너에게 있다 | 경봉 스님이 석정 스님에게 28
만행 | 석정 스님이 경봉 스님에게 30
돌에게 물어보라 | 고봉 스님이 경봉 스님에게 32
깨달음 | 경봉 스님이 고봉 스님에게 34
무념 | 연산 스님이 경봉 스님에게 35
도란 본래의 마음 | 경봉 스님이 연산 스님에게 36
사는 법 | 야웅 스님이 경봉 스님에게 38

깨달음 | 경봉 스님이 야웅 스님에게 39
삶과 길 | 월곡 스님이 경봉 스님에게 40
마음 길 | 경봉 스님이 월곡 스님에게 44
아득한 것에 대하여 | 일타 스님이 경봉 스님에게 46
소식 | 경봉 스님이 일타 스님에게 47
적멸에 대하여 | 경봉 스님이 제산 스님에게 48
마음을 다스려라 | 제산 스님이 경봉 스님에게 50
석탑 | 경봉 스님이 탄허 스님에게 52
인간의 즐거움 | 탄허 스님이 경봉 스님에게 53
물과 산 | 용성 스님이 경봉 스님에게 55
산은 산, 물은 물 | 경봉 스님이 용성 스님에게 56
헛된 이름 | 한암 스님이 경봉 스님에게 58
무소유의 꿈 | 한암 스님이 경봉 스님에게 60
티끌에 대해 | 경봉 스님이 한암 스님에게 62

번뇌를 지우며 | 한암 스님이 경봉 스님에게 64

불법에 대하여 | 경봉 스님이 한암 스님에게 66

고독 | 한암 스님이 경봉 스님에게 68

입적 | 경봉 스님이 한암 스님의 입적 앞에서 70

가을 등불 | 장지연 거사가 경봉 스님에게 72

우담화 | 경봉 스님이 장지연 거사에게 73

병과 발우 | 장지연 거사가 경봉 스님에게 76

스님과 발우 | 경봉 스님이 장지연 거사에게 79

마음의 소리 | 경봉 스님이 적음 스님에게 81

적음(寂音) 소식 | 적음 스님이 경봉 스님에게 84

적멸의 열쇠 | 현로 스님이 경봉 스님에게 85

열쇠는 그대가 가지고 있네 | 경봉 스님이 현로 스님에게 88

마음 속의 때 | 경봉 스님이 석주 스님에게 90

난 | 청담 스님이 경봉 스님에게 94

마음꽃 | 경봉 스님이 청담 스님에게 95

편지 | 원담 스님이 경봉 스님에게 96

길은 마음에 있네 | 경봉 스님이 원담 스님에게 98

고기와 천연(天然) | 운암 스님이 경봉 스님에게 99

상과 벌 | 경봉 스님이 운암 스님에게 100

사자후 | 홍득 스님이 경봉스님에게 102

속지 않는 것 | 경봉 스님이 홍득 스님에게 103

선문답―서신 | 혜암 스님이 경봉 스님에게 106

선문답―답신 | 경봉 스님이 혜암 스님에게 107

가을잎새 | 효봉 스님이 경봉 스님에게 108

목숨 | 경봉 스님이 효봉 스님에게 109

보검 | 화산 스님이 경봉 스님에게 112

도란 무엇인가 | 경봉 스님이 화산 스님에게 114

마음의 안부 | 불암선원에서 경봉 스님에게 115

 차례

보검 | 경봉 스님이 불암선원에게 117
진리에 대하여 | 성철 스님이 비더 교수에게 118
불교의 힘 | 손규태 거사가 성철 스님에게 126
인간이란 무엇인가 | 성철 스님이 손규태 거사에게 128
불성 | 성철 스님이 비더 교수에게 130
한용운 선생의 열반 | 춘성 스님이 경봉 스님에게 132
아, 열반 | 경봉 스님이 춘성 스님에게 134
죄와 병 | 추봉 스님이 경봉 스님에게 136
불자의 법도 | 경봉 스님이 추봉 스님에게 140
겨울 안거 | 구하 스님이 월하 스님에게 142
마음의 뜻 | 경봉 스님이 구하 스님에게 144
시 | 구하 스님이 경봉 스님에게 146
모든 것은 꿈 | 구웅 스님이 경봉 스님에게 147
삼세소(笑)와 삼세몽(夢) | 경봉 스님이 구웅 스님에게 148

꿈길 | 설봉 스님이 경봉 스님에게 150
밤길 | 경봉 스님이 설봉 스님에게 151
업(業) | 추규영 거사가 경봉 스님에게 153
업이란 무엇인가 | 경봉 스님이 추규영 거사에게 155
무(無) | 박한영 스님이 경봉 스님에게 158
무란 무엇인가 | 경봉 스님이 박한영 스님에게 159
그리움 | 박한영 스님이 서병재 스님에게 160
허공 | 경봉 스님이 탄허 스님에게 162
한 조각 돌 | 탄허 스님이 경봉 스님에게 164
옳음과 그름 | 운봉 스님이 경봉 스님에게 165
어리석은 자의 의문 | 류래완 거사가 경봉 스님에게 167
읽음의 고통 | 경봉 스님이 류래완 거사에게 169
번뇌란 무엇인가 | 류래완 거사가 권상로 스님에게 171
깨달음을 얻는 일 | 권상로 스님이 류래완 거사에게 173

나쁜 피 | 경봉 스님이 운봉 스님에게 175

마음의 병 | 정시우 거사가 경봉 스님에게 176

심우장 | 경봉 스님이 한용운 스님에게 178

털과 뿔 | 한용운 스님이 경봉 스님에게 180

극락은 어디입니까 | 종묵 스님이 경봉 스님에게 181

심안(心眼) | 경봉 스님이 종묵 스님에게 183

병이란 마음에서 오는 것 | 경허 스님이 자암 거사에게 184

마음의 길 | 경허 스님이 장상사 · 김석두 거사에게 186

만행의 끝 | 효봉 스님이 경봉 스님에게 188

내원암에서 쓰는 편지 | 효봉 스님이 경봉 스님에게 190

화두 | 경봉 스님이 효봉 스님에게 192

쓸어버리지 못하는 향기 | 탄허 스님이 일장 스님에게 194

몸 깊은 산 | 한암 스님이 효봉 스님에게 196

스승의 죽음 | 경봉 스님이 향곡 스님에게 198

마음의 적(賊)에게 | 경봉 스님이 향곡 스님에게 200

마음의 세속을 버려라 | 경운 스님이 진응 스님에게 202

업바람의 힘 | 경허 스님이 김석사 · 장상사 거사에게 206

탈속 | 모비구니 스님이 경허 스님에게 208

옳고 그름에 대한 헤아림 | 경허 스님이 모비구니 스님에게 212

선문답 | 춘성 스님이 경봉 스님에게 214

바람벽 | 지월 스님이 경봉 스님에게 216

북망산 | 경봉 스님이 고문평 거사에게 218

마음속의 독을 버려라 | 경봉 스님이 만공 스님에게 221

편지 | 녹원 스님이 경봉 스님에게 223

책머리에 | 5
스님 연보 | 225

# 삼독번뇌 三毒煩惱
고봉 스님이 경봉 스님에게

가을 바람이 펼쳤던 서책의 갈피를 넘깁니다.

문 밖에는 낙엽 지는 소리가 사락사락 귓가를 간지럽게 합니다.

만행 끝에 잠시 머문 해인사 문지방에는

가을이 때늦은 봇짐을 풀어놓고 나를 유혹하는 듯합니다.

붓을 꺼내놓고 그 가을의 향내를 그리려고 했지만

흰 종이에 그린 것은 오직 점 하나뿐입니다.

이런 날이면 무엇 때문인지 끊임없이 마음이 흔들립니다.

아마 번뇌가 내 몸속에 남아 있는 탓이겠지요.

탐욕과 화냄, 어리석음의 삼독번뇌를 벗지 못하는

한 중생의 모몰염치冒沒廉恥 때문이겠지요.

시냇물에 몸을 씻어 번뇌를 지우다가 지우다가

끝내 다 지울 수 없어 멍청히 지는 잎을 바라보지만
부끄러운 생각에 그만 등줄에 땀만 흐릅니다.
아마 아직도 수행이 부족한 탓이겠지요.
스님 이만 허튼 말을 줄이겠습니다.

## 속세의 인연
벽안 스님이 경봉 스님에게

초겨울에 문안절을 올렸는데 남도에는 벌써 봄이 왔으니
세월의 무상함을 다시 한번 느낍니다.
소승은 겨울 결제 동안 방안에 앉아 열심히 좌선을 하였습니다.
그러나 큰 강에 돌을 던지는 것과 같아서
어느 날에나 부처의 뜻에 다가갈지 모르겠습니다.
속세의 인연을 다 할 수 없어서 어머니의 병환 간병을 위해
만부득이 잠시 산을 내려갈 생각입니다.
곁에 있는 도반들에게 미안한 마음 간절하지만
이 하찮은 중생은 끝내 연을 끊을 수가 없었습니다.
어머님이 동자인 나를 절에 맡기고 갔던 그 애절한 마음이나
아들인 제가 속세의 병든 어머니를 간병하는 것이나 매반 다를 것이

없으나

인연이란 만부득이 버릴 수 없는 것이라는 생각이 앞서

결국 결심을 해야 했습니다.

원래 중놈은 그리움이란 헛된 망상을 버려야만 하오나

병환에 깃든 어머님을 두고서는

밤마다 찾아오는 가슴의 미어짐을 어찌할 수 없었습니다.

그렇다고 해서 피안彼岸행 열차를 버리는 것은 아니지 않습니까.

마지막 남은 어머니 에 대한 죄를 사하는 길이오니 저를 용서해 주십시오.

*도반 : 불도佛道를 함께 닦아가는 친구.

# 버리지 못할 인연

경봉 스님이 벽안 스님에게

적조하던 차에 편지를 받아보니 기쁘고 기쁘네.

서울과 통도사 두 곳의 실제 사정은 참으로 어렵네.

글 가운데 어머니의 몸이 점점 좋지 않다는 말을 들으니

연민스럽기 그지없네.

중놈에게 어머니란 있을 수 없으며 또한 속세란 더욱 그러한데

자네의 미어지는 가슴이 어찌 사람으로서 안타깝지 않을 수 있겠나.

본래 도道는 선과 악이 없으며 인과도 없으나

모두가 숙세宿世의 업을 받고 세상에 났으니

이를 어찌할 수 있겠나.

이는 약으로도 다스릴 수 없는 법일세.

피안의 세계는 늘 그리움에 대한 대상을 끊임없이 만들고 지우는 길일세.

부디 이번 길을 어머니에 대한 마지막 병간호라고 생각하고 최선을 다하게.

그렇다고 부처님께서 그대를 나무라지는 않을 걸세.

비록 한 포기의 풀과 한 그루의 나무 같은 작은 것이라 할지라도

결코 흩어지지 않듯이

사람의 마음 또한 한 곳에 모이면 흩어지지 않는 법일세.

자네의 마음이 속세의 어머니에게 가 있으니

부디 가서 마지막 길을 잘 갈무리해 주게나.

피안은 마음일세.

# 인연
김정헌 거사가 경봉 스님에게

지난번 산중에서 보낸 며칠이 마치 뜬 세상 같았습니다.
모든 시름들을 잊어버리고 흐르는 물소리에 몸을 씻고 나니
정신은 맑아지고 병든 몸이 새삼 가벼워졌습니다.
인연이란 길을 가다가 마치 몸을 부딪친 것처럼 이루어지지만
어쩌면 그것조차 부처님의 뜻인 것 같습니다.
스님, 인연이란 무엇입니까.
어쩌면 인간의 삶은 자신의 뜻대로 이루어지는 것이 아니라
정해진 순서대로 진행이 되는 것이 아닌가 하고 생각됩니다.
만약 그렇다면 오고 가는 것을, 죽고 사는 것을
어떻게 인간의 힘으로 갈무리할 수 있겠습니까.
생과 사의 문제가 자신에게 달려 있지 않다면

아아, 만약 그렇다면

세상은 그렇기 때문에 한 번쯤 살아 볼 가치가 있는 것은 아닌지요.

헤어진 지 몇 개월이 지났는데도 삼가 이렇게 가물고 더운 이때

스님께선 건강하시며 공양은 잘 드시는지요?

건강하시길 간절히 빕니다.

## 무심하라

경봉 스님이 김정헌 거사에게

인생이란 늦은 시간, 촛불을 앞에다 두고서
한 잔 차를 끓여 마시는 것과 같습니다.
어쩌면 부질없는 것이 인생이며
한 번쯤 살아 볼 가치가 있는 것이 또한 인생입니다.
아이가 어머니의 젖꼭지를 물고 젖을 빠는 순간부터
세상의 인연이 시작되었듯이
삶은 어쩌면 자신과는 연연하지 않게
오고 가는 것인지도 모릅니다.
사람이란 티끌이며 허공입니다.
이 이치를 깨달으면 욕망과 악이 사라집니다.
곧 성불이 되는 것이지요.

그것이 바로 생의 참된 화두입니다.

이 깊은 화두를 깨달으면

마음길이 끊어지지 않고 곧게 이어져갑니다.

이 화두를 앉으나 서나 끊임없이 생각하십시오.

그러면 모든 것이 편안해지며 마음의 병 또한 나아질 것입니다.

그러니 때론 세상의 모든 일에

한 번쯤 무심無心하는 것도 몸에 좋은 것입니다.

무심이란 세상과의 단절이 아니라 자신과의 단절을 말하는 것입니다.

무심의 강은 자신을 괴로움에서 벗어나게 하고

욕망과 사악을 버리는 강이기 때문입니다.

아아, 무심하라.

# 목숨
경봉 스님이 환경 스님에게

새벽에 이곳에도 눈이 내렸습니다.

눈이 내린 길을 더듬어 가다가 짐승의 발자국을 발견하였습니다.

토끼의 발자국 같았습니다.

눈이 내린 첫길을 아마 그 짐승이 지나갔는가 봅니다만

그 발자국이 너무나 곱고 아름다워 그 발자국을 따라갔습니다.

어느 틈에 눈이 다시 내렸는지 발자국은 사라졌지만

나도 모르게 따라간 길을 뒤돌아보았습니다.

그런데 내 발자국도 선명하게 찍혀져 있더군요.

그러나 토끼의 발자국처럼 아름답지 못했던 것은 무슨 까닭일까요.

어찌 내 발자국을 그 작고 아름다운 미물에 비교할 수 있겠습니까.

삶은 그렇듯이 살아온 길에 대한 흔적입니다.

환경 스님께서 옥고를 치르는 동안 저는 이곳에서

묵은 세 끼의 공양과 더불어 차를 즐기고 있었으니

이를 어찌하면 좋겠습니까.

어떻게 해야 스님의 고통을 더불어 할 수 있겠습니까.

나라를 잃은 슬픔, 민족을 잃은 슬픔, 언어를 잃은 슬픔,

제 어머니가 지어준 이름조차 잃은 지금 깊은 탄식만 앞을 가립니다.

구구절절이 말을 해 보아야 다 탄식이오니

이만 말을 줄이는 것도 좋을 듯합니다.

아침 새가 나뭇가지에 앉아 햇살을 머금습니다.

동자가 지나온 발자국의 흔적들을 쓸어 담습니다.

# 일념
환경 스님이 경봉 스님에게

아득한 일념이 하루종일 붙잡아 맨 듯 하였는데

형의 편지를 받아보니 감회를 누를 수 없습니다.

이곳은 엄동설한이라 물이란 물은 꽁꽁 얼어붙고

마음마저 얼어붙은 것 같은데

형의 편지 때문에 마음이 절로 훈훈해집니다.

일본놈의 감옥에서 보낸 1년 동안의 고초가 아직도 사라지지 않아

뼈마디마다 쑤시고 아립니다.

이 불초한 제가 맡고 있는 해인사는 신도들이 끊이지 않아

그나마 중생들의 식솔은 그리 걱정할 것은 없습니다만

하염없는 생각이 자꾸만 앞을 가립니다.

달력을 보니 올해도 며칠 남지 않았는데

경봉 스님도 새해에는 만복이 깃드시기를 간절히 바라옵니다.

늘 한 해가 끝나면 그 한 해에 대해 허튼 미련과 쓸쓸함이 깃드는 것은

어찌 할 수 없는 것 같습니다.

인간이란 늘 지나온 세월에 대한 뉘우침과

미래에 대한 설레임으로

살아가는 것이기 때문이겠지요.

그러나 헛된 망상은 거짓부렁이니

오직 그것을 사하기 위하여 중생들을 계도하고 있습니다.

그럼 남은 말은 모두 흘러가는 구름과 물에 돌리며 이만 줄입니다.

# 길은 너에게 있다
### 경봉 스님이 석정 스님에게

만행을 해 보지 못한 중은 중이라 할 수 없다.
세상의 이치를 모르고서 어찌 불자라고 할 수 있는가.
도란 길 위에 있으며 깨달음 또한 길 위에 있는 법.
그 깨달음이 몸으로 올 때 만행을 거두어라.

## 만행

석정 스님이 경봉 스님에게

달을 벗 삼아 바위에 앉아 길 위에서 편지를 씁니다.
열심히 공부하라는 스님의 편지를 받고
몹시도 부끄러워 안부를 전하지 못하고 이제야 필묵을 듭니다.
만행도 하나의 공부라고 하시며 서둘러 봇짐 하나 달랑 던져주셨을 때
위안치리 섭섭하였는데 벌써 석 달이 지났습니다.
지금은 같이 지내던 도반들과 선배 스님들 또한 그리워집니다.
불가의 도는 애시당초 발심출가라고 했는데
길 위에서도 깨달음이 모자라 그만 가는 길을 잃어버렸습니다.
마침,

    오래 한 곳에 머물러 있으면

차라리 너가 원래 있던 절을 팔 것이니

　　오늘 아침 만행을 거두어서

　　속히 청산으로 오거라.

라는 게송이 뼈저리게 느껴집니다.
끈기가 부족한 제가 참으로 뉘우치는 글귀였습니다.
만행이란 자기수행의 길인데
저는 이것조차 행하지 못하고 갈팡지팡이오니
스님, 저를 용서해 주십시오.
청산이 이 세상 어디에 있으며
또한 제가 가 닿아야 할 길이 어디에 있는지조차 모르오니
부디 저를 죄하여 주십시오.

# 돌에게 물어보라
고봉 스님이 경봉 스님에게

가을산을 쳐다보니

온통 붉어 마치 불이 붙는 것 같습니다.

몸은 건강하신지요?

헤어진 지 며칠이 지나지 않았는데 큰스님의 얼굴이 그리워집니다.

전날 별 재주도 없는 저에게 운을 띄운 것을 생각하면

모몰염치의 부끄러운 생각에 등에서 땀이 다 흘러내립니다.

어리석은 저에게 어찌 그런 큰 물음을 던지셨는지요.

"깨달음은 어디 있는가? 저 돌에게 물어보라."는 말씀을 듣고

저는 그 돌을 수세미로 깨끗이 씻고 방 안으로 들고와

앞에다 두고서 뚫어지게 바라보았습니다.

그러나 미천한 탓인지 그 뜻을 알 수 없었습니다.

아마 저의 수행이 아직 미진한 탓이겠지요.

스님은 어찌 그리 저에게 큰 고행을 주십니까.

산은 첩첩하고 구름은 중중한데 어느 때 다시 뵈올 날이 있을지

그 기약을 마음속으로 간직합니다.

## 깨달음
### 경봉 스님이 고봉 스님에게

헤어진 뒤에 마음이 편치 않더니 이렇게 편지를 받으니 마음이 편안하구료.

내가 괜한 운을 띄워서 마음의 고생이 심하다니 그저 미안하네.

아직 수행의 먼 길을 가야만 하는 자네이기에

덧없이 띄운 한마디의 말이었네만

옛말에 '큰 진리를 얻으려거든 마음의 번뇌를 끊지 말라.' 했네.

이는 끝없이 고행을 하는 자만이 진리를 얻을 수 있다는 말이 아니겠나.

수행길이 힘이 들거든 언제든지 영축산 극락선원으로 돌아오게.

발우를 씻으며 사는 것도 하나의 고행이니.

# 무념
### 연산 스님이 경봉 스님에게

스님, 무념의 경지로 가는 길은 어디입니까?

찾아오는 번민 때문에 공부가 되지 않습니다.

도는 무엇이며 해탈은 또한 무엇입니까?

이 가련한 중생은 무념을 떨쳐버리려고 아무리 몸부림을 쳐도 힘듭니다.

생각은 또 다른 생각을 낳고 그 생각들은 꼬리를 물고 심안을 괴롭히니

이 허튼 몸 얼음물에라도 들어가 깨끗이 해야겠습니다.

## 도란 본래의 마음
경봉 스님이 연산 스님에게

편지를 받아보니 느끼는 바가 끝이 없습니다.
그러나 오묘한 도는 그 자체가 비어 있어 말로써 미칠 것이 아니니
어찌 문자를 써서 사람들에게 보이겠습니까.
스님의 질문에 대해 답을 하는 것은
오히려 불가를 거역하는 것이니 그냥 침묵하겠습니다.
차라리 야밤 삼경에 가야산을 쳐다보십시오.
신선의 도 역시 신선의 도를 분명히 설하기를 즐기지 않으니
오히려 그 도를 가르쳐주면 사람들이 웃는다고 했거늘
하물며 정법을 깨닫는 일이야 얼마나 어려운 일이겠습니까.
보내신 글 가운데 어떻게 공부를 해야
무념을 깨뜨려 가히 도에 들어갈 수 있느냐고 물으셨는데

도란 본래 들어가고 나가는 문이 없습니다.

옛사람이 이르기를

> 그대에게 권하노니 도를 배우려면 구하지 말게
>
> 모든 일에 무관심하면 도에 합해지네
>
> 무심스런 그것이 바로 무심한 도이니
>
> 무심을 체달하면 도도 따로 찾을 것 없다네.

동안거에 만약 한 번 만나기 힘들면 겨울 해제 후 이곳에 와서 면담하시는 것이 어떻겠습니까?

---

\*동안거 : 스님들은 겨울, 여름의 3개월 동안 산문출입을 하지 않고 선방에서 공부를 하는데 겨울에는 동안거, 여름에는 하안거라 하고 안거 시작과 끝을 결제, 해제라 한다.

## 사는 법
야옹 스님이 경봉 스님에게

바른 생각을 가진 사람은
홑옷과 겹옷 등 열두 가지를 몸에 걸친다고 하는데
어떤 것이 홑옷이며 겹옷입니까?
사는 것과 죽는 것의 차이는 무엇입니까?
아울러 죽음이란 무엇입니까?

이 소생은 느닷없는 의문의 화살에 마음과 뼈를 다칩니다.
이 부질없는 생각 때문에 밤이 무척이나 깁니다.

## 깨달음
경봉 스님이 야옹 스님에게

사불산 위에 달이 몇 번이나 응답하던가?
이제 물어온 것에 답하니
찢어진 창문으로 바람이 쏴아 들어온다 하리.
그대에게 한 가지 묻겠는데
지금 그대는 옷을 입었는가 벗었는가?
일구一句를 다시 보내게.
고루 인사를 드리지 못해 미안하네.

# 삶과 길
### 월곡 스님이 경봉 스님에게

부처와 조사도 모르고

나 또한 얻은 바 없네

봄이 깊으니 복사꽃은 곱고

맑은 바람 영산에 불어오네


푸른 솔밭 깊은 골에 말없이 앉았더니

어젯밤 삼경 하늘에 달이 가득 차 있네

백천삼매를 어디에 다 쓰랴

그대에게 향하는 마음길이 끊어졌으니

그 사이에 달이 하나 앉아 있네

목마르면 차 마시고 곤하면 눈 붙이네

# 마음길
### 경봉 스님이 월곡 스님에게

한편의 야화夜話여, 산은 산이 아니고 물은 물이 아니다
어느 것이 옳고 어느 것이 그른가
달은 하늘에 오르고 꽃은 골짜기에 피었네
밤은 삼경이요 향은 백천이로다

차 마시고 자던 이곳에 편지 한 장이 날아와 읽어 보니
달은 깊어 골짜기를 비추고 향기는 꽃숲에 가득 넘칩니다.
보내오신 글 중에 "금강산에 와 보니 내 모습과 비슷하더라." 하셨으니
만약 그렇다면 머리와 발은 어디에 있습니까?
또 "길을 잃고 방황하는 자에게 바른 길을 가리켜달라."고 하셨는데
어디로 다녔기에 길을 잃으셨습니까? 허허. 로로路路.

금강산 빛은 예와 다름없이 푸르니 맑은 바람 언제나 불어오네, 악!

대개 수행자들이 생각해야 할 것은

욕심을 가지지 말고 깨닫기를 기다리지 말라는 것입니다.

그리고 자신의 생각만을 헤아려서 판단하지 마십시오.

더욱이 공사公私간에 시비를 간섭하지 말고

앉으나 서나 끊임없이 또렷한 일념으로 삶의 화두를 생각하십시오.

한 번 끊어지면 영원히 이을 수 없는 길이 또한 마음의 길이니.

## 아득한 것에 대하여
일타 스님이 경봉 스님에게

흐르는 세월의 그림자는 엷은 비단실 같습니다.
지난 가을 귀국 직후 뵈러 갔으나
마침 출타중이어서 돌아서는 발길이 천근만근 무거웠습니다.
저는 인도에서 부처님의 자취를 순례한 뒤 서른여섯 나라를 돌아보고
마음을 말함이 언어에 있는 것이 아니구나, 문득 깨달았습니다.
천만 가지 지어 놓은 일들이 모두 꿈속이로구나, 하고
표연히 옷자락을 떨치고 깊은 산 암자에 들어가 머무니
귀에는 솔바람이 솔솔 불고 눈앞에는 천리강산이 아득합니다.

# 소식
경봉 스님이 일타 스님에게

해외 만 리 밖에서 온 한 편의 소식과
옥로로 다리운 향기로운 한 잔의 차가
책상 위에 놓여 있는데
이것은 오로지 구름과 산, 바다와 달의 정이 아니겠습니까.
이밖에 달리 무슨 말을 하겠습니까.

> 가야산 소식을 누가 알 수 있으랴
> 시냇물은 잔잔히 흐르고 달은 동산에 솟네
> 이러할 때 현묘한 선지 말하지 말라
> 차 달여 나누어 마시는 곳에 옛길이 통했네.

한 편의 시가 향기롭게 흘러나옵니다.

# 적멸에 대하여
경봉 스님이 제산 스님에게

가만히 눈을 감고 좌선해 보라
그러면 고요 소리가 귓가에 들리느니
윙윙 바람 소리인 것 같고 아닌 것 같은 그 소리가
어느새 마음을 천근만근 울리느니
그때 흩어진 잡념들을 다 지워라.

## 마음을 다스려라

제산 스님이 경봉 스님에게

세상에서 쓰는 인사는 생략하겠습니다.
보내 주신 게송을 받고 보니 글 가득 향기가 넘칩니다.
말운末運에 어찌 이와 같은 글귀를 얻으셨는지요?
하나의 큰 뜻이 아름다움을 다하였으니
실로 올바른 이치를 보신 겁니다.
그러나 옛사람들도 이러한 경계를 당하여
오해하는 사람들이 많았는데
하물며 지금 사람들이야 어떠하겠습니까?
달마 스님께서 말씀하시되
"식심識心이 적멸하여
한 생각도 움직임이 없는 것을 정각正覺이라 이름한다." 하셨으며

대혜 스님께서 말씀하시되

"마음길이 끊어지지 않았다면

비록 항하수 강변의 모래알 같은 많은 이치를 말하더라도

나의 자성自性에는 아무런 간섭이 없는 것이다." 하셨습니다.

또 고봉 스님께선 "사람이 깨달음을 얻지 못하는 것은

자신의 마음길이 끊어져 있기 때문이다." 하셨습니다.

그러니 스님께서도

그 마음길을 다스리는 데 소홀히 해서는 안 되겠습니다.

인간 세상은 곧 자신의 마음을 다스리는 일이니까요.

곧 마음은 선善이요 정직입니다.

## 석탑

경봉 스님이 탄허 스님에게

오동잎에 바람이 높고 계수나무 가지에 달이 둥급니다.

스님의 편지를 받아 보니 마치 얼굴을 대한 듯 기쁩니다.

탄허 스님께서 이번에 석탑을 세웠는데 그 이름을 정하셨는지요.

이름이 없는 석탑은 죽은 탑이오니 빨리 정하십시오.

다시 어느 때를 기다리겠습니까.

패한 장수는 차마 베지 못합니다.

# 인간의 즐거움
탄허 스님이 경봉 스님에게

석탑을 세우고 나서 그 이름을 정하는 일이

마치 새 아기가 태어나서 이름을 정하는 것처럼

마땅히 떠오르지 않는 것은 무슨 일입니까.

사람이든 짐승이든 모든 것은 제 이름을 갖고 태어나거늘

하물며 세상에 올린 탑 이름조차 짓는 일이 이렇게 힘든 것은

무슨 연유인지 모르겠습니다.

한번 정해진 것은 뒤바꿀 수 없는 것처럼

한번 올린 탑은 무너지지 않는 한 천 년을 견딜 것입니다.

그 천 년을 견딜 이름이 필요합니다.

하물며 인간을 어떻게 저 돌덩어리에 비유하겠습니까.

오호라! 한 조각 돌에 실린 깊은 내성耐性이여!

사람의 즐거움은 누구나 늙어도 기력이 정정한 것이겠지요.

그러나 그 기력을 얻는 것은 젊음을 어떻게 보내느냐에서 오는 것 같습니다.

그렇듯이 사람에겐 하루하루가 그만큼 소중하다는 것이겠지요.

탑도 마찬가지일 것입니다.

기초부터 튼튼한 탑이 그 비바람과 폭풍을 견디며 천 년을 견디듯이

내가 쌓은 탑이 무너지지 않았으면 합니다.

# 물과 산
용성 스님이 경봉 스님에게

물과 산은 제 모습이요

꽃과 풀은 제 뜻이로다

한가로이 지고 피고 오고 가니

밝은 달 비치고 맑은 바람이 불어오네.

## 산은 산, 물은 물

경봉 스님이 용성 스님에게

세상은 종이와 먹으로 합해 놓았으니 산도 아니고 물도 아닙니다.

더구나 꽃도 아니고 풀도 아닙니다.

산은 산이고 물은 물일 뿐이며

꽃은 제 스스로 꽃이며 풀은 제 스스로 풀일 뿐인데

어째서 이것이 산이냐 물이냐, 이것이 어째서 스님의 모습이냐,

이것이 꽃과 풀이냐, 이것이 스님의 깊은 뜻이냐, 억!

산은 높고 물은 흐르며 꽃은 붉고 풀은 푸른데

어떤 것이 삶의 모습이며 어떤 것이 진짜 진리이냐

다시 일구를 일러주십시오.

우주가 한쪽 눈이니

무슨 모습과 뜻을 말할까

오는 것이냐 가는 것이냐

물이 흐르고 꽃이 피네.

## 헛된 이름
한암 스님이 경봉 스님에게

해가 바뀌도록 소식이 없으니 이 그리움을 어찌 다 말하겠습니까?
어떻게 지내시는지 이 장마철 무더위에 건강은 어떠하신지요?
그리고 절 식구 모두가 편안하시고
문중 노스님들께서도 편안하신지 염려가 됩니다.
저는 항상 병으로 지내고 있는데 헛된 이름만 세상에 꽉 차서
늘 바라지 않는 번거로운 일이 사람을 귀찮게 합니다.
하지만 한탄한들 어떻게 하겠습니까.
올 여름에는 제 법사스님 대상大祥날 참석하려 하였으나
병든 몸으로 멀리 떠날 수 없었습니다.
뿐만 아니라 다른 회중에서 온 스님들이 신경쓰여
잠깐이라도 제가 없어선 안 되겠기에 마음뿐이지 그럴 수 없었습니다.

이 점 헤아려주시어 자비스런 마음으로
산중의 모든 스님들을 이해시켜 용서해 주시고
이 면목 없는 사람을 버리지 마시길 바랍니다.
천만 번 간절히 빌고 빕니다.

## 무소유의 꿈
한암 스님이 경봉 스님에게

편지 잘 받았습니다.

건강하시다니 기쁩니다.

저는 한결같이 못나게 모든 것을 접고 이곳에서 칩거를 하고 있습니다.

이 세상의 모든 일이 인연으로서 이루어지고

인연으로 없어진다는 것이 부처님의 말씀인데

이제 그 인연을 접으려고 하니 팔순 가까운 이 늙은 몸의 마음이 무겁습니다.

돌아보면 나에게 남은 것은

방 안에 걸어둔 붓 한 자루와 낡은 서책 몇 권과

내 몸을 근질이게 하는 쥐벼룩 몇 마리가 전부일 뿐

한평생 살아온 삶의 무게가 오직 그것뿐입니다.

이제 이나마 육신에 병이 들어도 나날을 지탱할 수 있는 것은

오직 부처님의 법력 덕분입니다.

스님, 구름과 시냇물을 벗 삼아 살아가는 운수납자雲水衲子에겐

가진 것은 밝은 달, 맑은 바람인데

어찌하여 스님은 제게 큰 짐을 지우려 하십니까.

종주宗主의 청장請狀을 제가 받는다면 이는 망령된 행동입니다.

차라리 뒷방이나 비워두시면

살아생전 함께 모여 정담이나 나누었으면 좋겠습니다.

종주는 언제나 스님께서 적임자이니 다른 생각은 하시지 마십시오.

정신이 이렇게 피로하여 이만 줄입니다.

## 티끌에 대해
경봉 스님이 한암 스님에게

가을물이 긴 하늘가에 닿고 흰 갈대꽃에 밝은 달이 오가니, 때여! 때여!

시절은 서늘해지기 시작하는 오동나무의 가을이니

이밖에 다시 무슨 말을 하겠습니까.

이제 삼가 형의 서한을 받아 보니 감격을 누를 수 없으며

종이에 가득 찬 향기를 누구와 더불어 말하겠습니까.

그러나 산은 산이요, 구름은 구름이요, 바다는 바다요, 달은 달이니

산운山雲이여 해월海月이여, 그르쳤느냐 성취되었느냐?

만약 이 소식을 얻으면 성취되고 그르침은 원래 그르침이 아닙니다. 미소.

구름은 산에서 솟고 달은 바다에 떴네.

형께서 수학에 능한 법을 보이셨으니 가히 수학 선생이라 할 만합니다.

그런데 왜 아홉과 열, 그 밖의 수는 세지 않았습니까? 악!

티끌 같이 많은 세계가 모두 헛것이라면서 어찌 큰 가르침 낸다고 말합니까?
있고 없는 것이 둘이 아닌 곳에 별달리 뿌리와 싹을 말하지 마십시오.

## 번뇌를 지우며
한암 스님이 경봉 스님에게

물소리와 산빛 모두 고향이니
전단향나무 조각조각 온통 향그럽네
더러운 마음의 집착을 버리니
세상은 그냥 흐르는 물 같네
다만 한 생각 번뇌 없으면
번거로이 세상사 붉다 누르다 논할 게 없네
납승은 항상 바른법을 만나기 어려워서
가을밤이 이슥토록 좌선만 하네

멀리 떠난 나그네 고향길을 잊었구나
고향에는 감자가 달고 나물도 향기롭다만

달이 뜨니 일천 봉우리 적적하고
바람부니 온갖 나무 서늘하네
영마루에 한가로운 구름이 희고
뜰에는 어느덧 낙엽물 드네
온갖 것의 참 모습을 보오
콧구멍은 하늘을 향해 뚫렸네.

## 불법에 대하여

경봉 스님이 한암 스님에게

오대산이 첩첩하고 또 첩첩하여
산운山雲과 해월海月의 정情을 다하기 어렵습니다.
산이여 달이여! 산운이라 할지 해월이라 할지
이 산운과 해월을 형께 일임하니 빨리 알고 오셔서
문자, 성색聲色, 동정動靜
그밖의 법을 한 번 보여 주시길 간절히 원합니다.

    지난해 꽃 한 가지 심었더니
    올해는 가지와 잎이 무성하네
    형이여! 꽃동산의 오묘함을 생각해 보오
    만 떨기 울긋불긋한 꽃도 반 움큼 싹에서 나왔느니. 미소.

봄날이 지나니 여름날이 길어졌습니다.

# 고독
한암 스님이 경봉 스님에게

오랫동안 소식이 없어 궁금하던 차에 문병하시는 편지 잘 받았습니다.

몸은 인연 따라 스스로 움직인다 하시니

무어라 위로의 말을 해야 할지 모르겠습니다.

저는 별 탈 없이 잘 지냅니다.

깨달은 뒤의 생에 대해 옛사람의 숱하게 많은 어구가 있습니다.

'한 조각 굳은 돌같이 하라.' '죽은 사람의 눈같이 하라.'

혹은 '생은 고독이 있는 물을 지나는 것 같아서

한 방울의 물도 묻혀서는 안 된다.' 하셨습니다.

또 우리나라 보조국사의 『직심직설』에는

생은 "깨닫고 살피는 것"이라 했으니

어느 한 가지 소중하지 않은 법어는 없습니다.

그러나 다만 염려할 것은

그 법문은 스스로 체득하는 것이 더욱 중요한 것이겠지요.

모두를 수용한다는 것은 참으로 어려운 일이니

다만 그 중에서 한 가지만이라도 받아들여 그에 맞게 생활하다보면

저절로 몸에 익게 되는 법이지요.

옛사람이 이르기를 '문으로 좇아 들어 온 것은 집안의 보배가 아니다.'

했듯이

그저 사람들의 말만 듣고 행하는 것 또한 수행의 길이 아닙니다.

이렇듯 수행의 길은 참으로 길고 어려운 것입니다.

이 한 생을 거기에 몸담는 것조차 힘든 것입니다.

생각이 일어나면 그 생각을 간추려 보고 진리다 아니다 판단할 수 있는 것도

모두 깊은 수행에서 흘러나오는 것입니다.

보다 조심해야 할 것은 사람의 혀끝입니다.

해야 할 말과 하지 않아야 할 말을 가리는 것 또한 수행입니다.

참으로 깨닫고 증득해야 할 법어들이 아닐 수 없습니다.

하하! 흰 종이에 너무 많은 말을 담아 어느새 녹이 끼는 것 같습니다.

이만 줄입니다.

## 입적

경봉 스님이 한암 스님의 입적 앞에서

생과 사는 흘러가는 구름인 것을

그대 열반에 들었는가

나뭇잎은 표표히 떨고 있고

저 맑은 물도 목메인 듯

잔잔히 흘러가는데

선사여 선사여, 이제 그대 왔는가 갔는가

저 탁자에 벌여 놓은

흰 밥과 둥근 떡을 마저 먹고 가는가

그대 열반으로 가는 소식

천지도 말이 없고

귀신도 모르나니

한 줌 향을 태우면

모든 도道의 길은 옛길로 통하나니

눈빛을 거두는 곳에 오대산이 서늘해

꽃과 새들도 슬피울고 달은 향연香煙에 어리는 듯

격식 밖의 현담玄談을 누가 아는가

만산엔 의구히 물이 흐르네.

## 가을 등불

장지연 거사가 경봉 스님에게

합포성 서편 학령엔 가을이 물들고

포교당 높은 곳 선정禪情이 깊네

숲 사이로 돛단배는 연기 속에 아물거리고

하늘가 산봉우리는 물 위에 비치네

깜빡이는 등불 아래 어리는 향연기에

스님은 선정삼매禪情三昧

범종소리 그치자 꿈에서 깨어나네

둥글고 둥근 동방의 밝은 달

우담화 피듯 온 세상 두루 비추네.

# 우담화

경봉 스님이 장지연 거사에게

우담화 꽃편지 그 몇 해인가
창생을 제도하며 세상을 경계하네
사자후 토하는 바위 앞 푸른 산 우뚝하고
용트림하는 바다 위 흰 구름 떴네
보배로운 칼날 찬란하니 두려움 없고
지혜로운 달 영롱하니 홍에 겨웁네
하늘같이 높은 파도 뉘라서 헤쳐나오나
깊은 밤 금까마귀 강에서 내려오네

보은의 탑 많은 사람의 정성으로 이루어
길이길이 기념하는 그 뜻에 감격하네

관수의 구름도 이별이 아쉬운 듯

기차는 천리 길을 재촉한다만 나 홀로 어이 가리

올 때는 봄바람 좋더니

떠난 뒤 바다의 달처럼 서로 생각하네

불법에 공덕 심으면 음덕 쌓이는 것

서로 전하는 입비석에 그 이름들 영원하리.

\*우담화 : 독립운동을 하는 장지연 스님을 경봉 스님이 찬양하는 시.
\*사자후 : 크게 부르짖어 열변을 토하는 것.

## 병과 발우

장지연 거사가 경봉 스님에게

성품은 단아하고 학식은 해박하여 시를 잘 짓고 글씨도 잘 쓰며
유가의 선비들과 잘 어울리시는 경봉 선사는 통도사의 큰스님이십니다.
마산 포교당에 와 머물면서 설법하고 계행戒行을 지니시니
모든 신도들이 따르며 계를 받지 않은 이가 없습니다.
또 큰 원력과 큰 자비심으로 심력을 기울여
돌을 쌓아 탑을 만들어 장경을 새겨 기념하셨습니다.
차마 이 포교당에서 스님의 공덕을 다 헤아릴 수 없으니
찾아와 정신淨信하는 사람들이 많아졌습니다.
저 또한 스님의 오묘한 견해와 정진,
그리고 원만하면서도 맑고 담백함을 좋아해서
법석에 임하여 법문을 들은 지가 여러 해가 되었습니다.

이제 스님께서 만기가 되어

장차 양산의 내원암으로 옮기어 주석하게 되시니

스님께서 몸소 시 한 편을 지어 제게 정의를 표하셨습니다.

    산승의 병과 발우는 뜬 구름과 흐르는 물과 같아서

    머무름도 없고 집착함도 없고

    더구나 가고 오는 것도 없는 것이라.

그러나 스님께서 포교당을 떠나시는데

어찌 서글픈 정이 일어나지 않겠습니까.

더구나 스님께서 먼저 게송을 보내 주시어 이에 화답하고자 합니다.

    높고 높은 공덕탑은 정성을 표현했고

    석면에 장경을 새긴 것은 믿음의 뜻이었네

    염화설법 늘 즐거워 법회에 임했는데

    뜻밖에도 석장 날려 산으로 들어가시네

    재 너머 구름은 멀리 영축산까지 어두운데

    바다 달은 뜻이 있어 보배 거울처럼 비추네

내년 숲에 딸기가 익으면

옛 놀던 바위 위에 다시 이름을 써 보세.

# 스님과 발우

경봉 스님이 장지연 거사에게

산은 적적하여 그 고요가 귓가에 대숲 바람 소리로 들립니다.

불가에 귀의한 지 어언 서른 해.

나와 생을 같이한 발우도 닳고닳아

그 색깔이 퇴색되어 바래졌습니다.

스님에게 있어 발우는 곧 그이며 생인 것입니다.

먹는 것과 취하는 것은 엄격한 차이가 있으며

다만 먹는 것은 겨우 생을 연명하기 위해서가 아니라

올바른 삶을 살기 위한 기氣를 얻는 것이며

취取하는 것은 욕망을 이야기하는 것입니다.

스님이란 그 취하는 것을 감히 버려야 할 것입니다.

인간이란 그 욕망 때문에 본성을 잃는 것입니다.

스님이라고 해서 어찌 그 욕을 가지지 않았겠습니까.

그러나 그것을 인내하는 것이 바로 불성인 것입니다.

그렇듯이 버리고 얻는 것을 분명히 분별할 줄 아는 인간만이

마음의 고요를 얻을 수 있습니다.

그 고요는 생의 깊은 의미입니다.

한 번쯤 무릎을 꿇고 물 담긴 발우를 바라본 적 있습니까.

무색의 물도 바로 생을 거두는 음식임을 생각해 본 적이 있는지요.

바로 욕이 없는 세계임을 깨닫는 순간부터 스님은 참선을 느낄 것입니다.

음식을 취할 때 한 점 티끌도 남기지 않는 것은 바로 그 때문입니다.

발우는 곧 스님인 것입니다.

\*발우 : 스님들의 공양그릇.

## 마음의 소리
경봉 스님이 적음 스님에게

적음寂音이라, 고요 속에 소리가 있네.

그대 법명은 어찌 그리 아름다운가.

새 소리, 물소리, 바람 소리, 대숲 흔드는 소리.

아아, 귀를 간지럽히는 이슬 구르는 소리,

모두가 다 적음이니 이 어찌 또한 아름답지 않은가.

복잡한 삶에 이 애끓는 소리를 듣는 이 있으니 얼마나 행복한가.

높이 날던 새가 떨어지는 소리도 다 적음이니

인생만사 다 소리 때문에 흥하고 망하니

소리에 귀를 기울여 보시게.

# 적음寂音 소식
적음 스님이 경봉 스님에게

게으른 꿈이 아직도 깨지 않더니

온 땅에 구름과 연기가 가득하고 온 땅에 봄이 가득합니다.

경봉 스님이 아니셨더라면 이 봄을 헛되이 보냈을 뻔했습니다.

보내신 글의 적음 소식에 저는 적음이 아니니

다른 적음에게 묻는 것이 어떨런지요.

마음의 소리를 들을 수 있는 사람이 이 땅에 몇이나 있겠습니까.

아마 큰스님이나 들을 수 있겠지요.

아아, 내가 만약 마음의 소리를 들을 수 있다면

당장 큰 바위 앞에 무릎을 꿇고 앉아

천 년 만 년 바람 소리에 귀 기울이겠습니다.

# 적멸의 열쇠
현로 스님이 경봉 스님에게

삼가 이때에 건강은 어떠하시며 합원合院은 모두 잘 있는지요?

모두 청정하시기를 엎드려 그리워하고 그리워합니다.

저는 염려해 주신 덕분으로 별다른 일 없이 이곳에서 소일하고 있습니다.

그러나 이곳에 머물고 있다 보니

항상 남도에 계신 큰스님의 따스한 보살핌이 그리워

다시 남쪽으로 내려가고 싶은 생각이 때때로 간절히 일어나고 있습니다.

그러나 오히려 머물러 있는 곳에서 몸을 빼지 못하니

이 또한 부처님의 뜻인 것 같습니다.

사람이 나서 죽는 것도 제 스스로 하지 못하듯이 가야 할 길을

제 스스로 정하지 못하는 것도 어쩌면 인연 때문인가 봅니다.

오는 가을에는 결단코 스님을 뵙고 작년에 선문답에서 진 것을

다시 이겨 볼 작정입니다. 하하.

드릴 말씀은 이것도 역시 허물이 되는 일이나

여가에 잠시 선문답도 무방할 것 같아서 한 번 물음을 여쭙니다.

제 이름이 적멸보궁의 향을 사루는 시자侍者이온데 적멸寂滅을 모르니

어떤 것이 적멸궁이며 그 열쇠는 어디에 있습니까?

친히 오셔서 열어주시는 뜻으로

두 글구 운으로 게송을 지어서 보내주십시오.

옛사람이 이르기를

'올라타려면 바로 타고 그만 두려면 그만 두라.' 하셨으니

이미 중이 된 사람이 밥 먹고 차 마시는 일 외엔 할 일이 없을 때는

어떻게 해야 합니까?


두서도 없이 어리석은 글로 스님을 괴롭혔습니다.

그렇지만 원컨대 자비로써 거두어

깊은 산 견해 없는 자로 하여금 한 말씀을 듣게 해 주십시오.

# 열쇠는 그대가 가지고 있네
경봉 스님이 현로 스님에게

보내온 편지를 읽고 답을 씁니다.

하나 : 오대산에는 곡식이 귀합니다.

둘 : 허물을 알았으면 반드시 고쳐야 합니다. 음.

사람이 나서 죽는 것도 다 인연입니다.
하지만 꼭 해야 할 일이 있습니다.
곡식이 귀하다는 것은 그만큼 목숨도 소중하다는 것입니다.
그 귀한 곡식을 취할 수 있는 사람은 바른일을 해야 합니다.
그것이 바로 부처의 깊은 뜻입니다.
보내신 글 가운데 '올라타려면 바로 타고 그만 두려면 그만 두라.' 하셨는데

이것이 납승가에서 흔한 문구라고 해서

어설프게 스님이 말씀하실 것이 아니라 분명하게 일러주십시오.

이 뜻을 잘 알면 불기불휴不騎不休도

가능합니다.

또한 타고 그냥 쉰다는 것의 의미도 마찬가지입니다.

타고 그냥 쉰다는 것은 오히려 타지 않는 것보다 못하듯이

이미 납승을 하셨으면 최선을 다하는 것이 도리일 것입니다.

현로 스님이 있는 곳에 문은 몇 군데나 있으며

열쇠는 어느 곳에 두었는지 알고 계십니까?

자기가 있는 집인데 모를 리 없으니 한번 잘 생각해 보십시오.

적멸은 바로 그대이며 열쇠는 바로 그대가 가지고 있지 않은가요. 옴.

*납승가 : 불가에 몸을 담는 것.

## 마음속의 때
경봉 스님이 석주 스님에게

뒷뜨락에 모란꽃이 환하고 그 향기가 지천이니
마음이 절로 가벼워지는 계절입니다.
먼젓번 부산에서 번갯불처럼 만났다가 헤어진 뒤에
무사히 돌아가셨는지 궁금합니다.
지금 종단은 승려정화문제로 어지러우니 이를 어찌하면 좋겠습니까?
대개 불은 어떠한 곳의 불이라도 뜨거운 것이라 합하면 한 덩어리가 되고
물 또한 어떠한 곳의 물이라도 젖는 성질이라 합하면 한 덩어리가 되는데
단 세 사람의 마음조차 통일되지 못하는 것은 무슨 연유인지 모르겠소.
명예란 스스로의 노력으로 얻어지는 것이지 타인이 주는 것이 아님을
왜 중들은 모르는지 도대체 그 이유를 알지 못하겠소.
마음이 솔직하고 관찰력이 빠른 석주 스님이

그냥 지켜보고만 계실 것이 아니라

지혜의 칼과 말화살로써 째고 쏘고 찔러서

그 막혀 있는 증세들을 뚫어 보시게.

냄새 나는 나쁜 피와 고름이 고여 있으면

주마담증走馬痰症도 생기고 몸에 온갖 병이 생겨서

자신만의 낭패가 아니라 다른 사람까지 괴롭혀

모든 일이 잘못될 것이니 부디 그 수술을 잘 하시기를 빕니다.

수술하라고 했다고 아무나 잡고 찌르지 말고 병든 이만 달려들어 수술하시오.

나도 약한 힘이지만 음력정월 그 음안으로 한 번 가서

여러 선우禪友에게 위문도 하고 그 수술한 곳을 한번 만져 주겠소. 하하.

"중아 중아, 싸움해라. 상좌야 상좌야, 말려라."

이 말을 아이들 동요로만 치부하지 말고

비구 상좌부에서 잘 생각하도록 하시게.

다음과 같은 시가 있네.

    자주 너희들을 불러도 돌아보지 않기에

    무엇을 하는가 보았더니 문 앞에서 흙장난을 하는구나

    해마다 삼월이면 성안에 가득 핀 모란꽃을

그대들이 어이 알리.

**이 시를 해석해 보면,**

흙장난을 하고 있는 아이들이 부모가 오라고 불러도 돌아오지 않아 가보니
흙과 모래를 온통 뒤집어쓰고
먹지도 못할 흙떡을 서로 가지고 가려고 싸우고 있었네
그런데 장안성에는 봄이 와서
모란꽃과 온갖 꽃이 흐드러지게 피어 있고
벌과 나비가 잉잉거리고 새들은 지저귀고
맑은 바람은 옷깃을 스치며 푸른 산은 한층 더 푸르렀네
이렇듯 좋은 봄소식의 경지를 대장부만이 느끼지
어찌 범부 중생과 아이들이 알겠는가.

집에 돌아오라는 이 시가 하도 세상살이에 적합해서
한 수 적어 보내니 그리 참작하시게.
무릇 관자재보살이라 함은

모든 법에 얽매이지 않고 마음을 깨달아서

모든 일과 모든 곳에서 완전한 자유를 얻는 것임을 말하네.

그것을 얻는 길이란 바로 욕심을 버리는 일이네.

욕심이 없으면 마음의 걸림이 없으니 공포가 없고

공포가 없음으로 생에 갈팡지팡하는 망상이 없고

그러한 망상이 없어서 생과 사가 없고

생사가 없어서 자유로운 대장부가 되는 것이네.

어지러울수록 부디 마음을 다지시게.

영축산 삼소굴에 정월 초승에 비가 오고 눈도 오고

산사에 인적이 드물어

하릴없이 졸고 있다가

두어 자 횡설수설 갈팡지팡 마음에 있는 대로 쏟아내니

혼자 보고 웃고 불에 태우시게.

# 난

청담 스님이 경봉 스님에게

묵주 대낮에 흰 한지를 앞에 두고 난을 칩니다.

내 마음이 정갈할 때면

난촉蘭觸이 마치 아린 살을 벨 듯이 반짝입니다.

내 마음에 허튼 생각이 묻어있으면

난촉은 마치 이 빠진 칼처럼 무딥니다.

난을 치면

난을 치다가 보면

꼭 그 난이 내 마음을 다 읽어 내리는 것 같습니다.

지금 친 난 한 폭을 보내오니

스님께서 지금의 제 마음의 흔적을 읽어 주십시오.

# 마음꽃

경봉 스님이 청담 스님에게

꽃은 난초인데

마음이라고 하는 그 마음은 어떤 마음인가

마음과 꽃 둘이 아닌 곳에

옛 부처 마음을 붉게 토하네.

## 편지
원담 스님이 경봉 스님에게

스님을 그리워하던 중에 스님에게 보내 주신 편지를 읽고 너무나 기뻤습니다.
마음이 끝간 데 없이 주절주절 허전한 것은
아마 제 수양이 부족하기 때문일 것입니다.
그럴 때면 근처 높은 산에 올라가 그믐에 잠긴 세상을 쳐다보며
내가 세상을 버렸는지 세상이 나를 버렸는지를 잠시 생각합니다.
스님, 인생이란 곡哭 한 번 하면 끝난다고 생각한 시절도 있었지만
다만 그러한 것들도 어쩌면 다 제가 부족하기 때문에 생겨나는 번뇌입니다.
제 몸 하나 다스리지 못하는 중생이오니 스님, 크게 꾸짖어 주십시오.
내년 꽃피는 봄에는 찾아뵙겠습니다.

　　산 높고 물 깊은 끝없는 풍광에

온갖 꽃들이 봄을 다투네

누가 만약 삼소굴 일을 묻는다면

돌계집은 시끄럽고 나무사람 혀를 찬다 하리.

# 길은 마음에 있네
## 경봉 스님이 원담 스님에게

선禪이란 마음속에 있는 것이니 선을 먼 밖에서 찾지 말게.
마음이 흐려지는 것은 세상에 안개가 끼는 것과 같으니
정갈한 생각들을 항상 가지게나.
그러면 안과 밖이 고요로 흐르니 그 고요는 바로 부처님의 뜻일세.

# 고기와 천연天然
운암 스님이 경봉 스님에게

옛날 마곡과 단하가 강변을 함께 걸어가는데 물고기가 보였습니다.

마곡이 그것을 가리키며 "고기다 고기"라 하자

단하가 "천연天然"이라 했습니다.

이튿날 마곡이 단하에게 다시 묻기를

"어제 물고기를 보고 천연이라 한 뜻은 무엇입니까?" 하자

이에 단하는 그 소릴 듣고 뒤로 자빠지는 자세를 취했는데

마곡이 곡을 하며 "창천, 창천" 하였으니

스님, 과연 이 뜻은 무엇입니까?

## 상과 벌
경봉 스님이 운암 스님에게

냄새나는 더러운 장물을 되팔려하지 말고
밤중에 오륙도나 바라보십시오. 악!
운암 스님의 물음에 대한 답은 한마디로 족하나
종문宗門에는 상벌이 분명하고
공을 가려서 훈공을 주니 어찌 아름답지 않겠습니까.
운암이여! 어디서 이러한 도리를 얻으셨습니까?
겸하여 마곡과 단하의 뜻을 아십니까? 모르십니까?
고기도 답이며 천연天然 또한 답이니 그냥 그 뜻을 안으로 품으십시오.
단하에게는 급히 쇠몽둥이 하나를 전하고
마곡에게는 수건 하나를 전하는 것이 어떻겠습니까?
이것이 상이고 벌인지 운암이여, 생각해 보십시오.

운암에게는 한쪽 다리 안경을 상으로 주니 영원히 그것을 벗으로 삼으십시오. 한쪽이 없이 인생을 바라보는 것이 어쩌면 삶의 정답입니다. 쯧쯧.

# 사자후

홍득 스님이 경봉 스님에게

요즘 어떻게 보내고 있는지요?
날이 더워 태양이 뜨거워졌다가 식어 풀어지니
짚신은 닳지 않고
문득 스님의 사자후를 들었으면 합니다.
큰스님의 설법을 전하는 목소리가 아직도
소자의 귓가에 크게 울리는 듯합니다.
신심信心은 태산 같고 게으른 어미를 기다리는 것과 같은데
어찌 스님은 한 번 찾아오시지 않는지요?
사자후로 하늘을 흔들어버린 지도 오래 되셨지요.
몸의 기가 매우 둔하니
바라옵건대 자비로운 한 말씀 원하옵니다.

## 속지 않는 것
경봉 스님이 홍득 스님에게

저잣거리에 취하여

낮잠을 자다가 홀연 한 장의 편지를 받으니

느끼는 바가 헤아릴 수 없습니다.

그러나 보내온 글 가운데

십한十寒과 근둔根鈍이란 말이 있는데

만약 스님이 그 말뜻을 아신다면

스님은 설법의 모든 것을 깨닫고 있습니다.

그렇듯이 식어 풀어짐과 둔한 것을 알면

실로 둔함이 아니니 남에게 속지 말아야 하겠습니다.


천성산 바위가 너무 험준하여

의연히 푸르게 하늘안개 서려 있네

삼목三木을 쓰고 비를 기다리는구나. 악!

*삼목 : 옛 형구形具, 목과 손과 발에 씌우는 형틀.

# 선문답 — 서신
혜암 스님이 경봉 스님에게

옛사람이 "조사의 뜻과 경의 가르침의 뜻이 같은가? 다른가?"를 묻는데
이에 답하여 이르되 "닭은 추우면 나무로 올라가고
오리는 추우면 물로 들어간다." 하시니 이 뜻이 무엇입니까?
이 뜻을 간절히 원하오니 일구를 보내어 주십시오.

# 선문답―답신
경봉 스님이 혜암 스님에게

그렇게 간절하게 원하시오니 일구를 보내 드립니다.

답 : 당나귀가 마르면 털이 덥수룩합니다.

## 가을 잎새
효봉 스님이 경봉 스님에게

인간의 한 잎이 팔공산에 떨어지니
빛깔에 안팎 있어 바로 가을잎이라
그 가운데 무슨 비밀 있는 듯하나
한 송이 꽃 떨어진 잎에 다시 붙이네.

# 목숨
경봉 스님이 효봉 스님에게

본래 팔공산은 안팎이 있는데
누가 봄가을로 한 잎인 줄 알겠는가
비밀을 안 것은 비밀이 아니니
더럽고 냄새 나는 것도 이상할 게 없음이 바로
인간이라는 꽃잎일세.

# 보검
화산 스님이 경봉 스님에게

보검은 빼기도 전에 사람이 죽습니다.
이 말을 산 사람이 들었을 때는 어떻습니까?
아직도 그 말의 뜻을 이해하지 못해 다시 스님에게 물으니 심히 괴롭습니다.
보검이란 것은 그만큼 값지다는 말인지
아니면 함부로 보검을 빼지 말라는 뜻인지 정말 오리무중입니다.
사람에게 누구나 한 가지씩의 재주와 보검이 있다는 말씀이 옳으나
그것을 스스로 발견하는 일은 참으로 어렵습니다.
어떻게 하면 자신이 가진 특성과 재주를 발견할 수 있을까요.
어떤 스님이 제게 묻기를 "어떤 것이 도입니까?"
이 황당한 질문에도 저는 묵묵하게
방 안에 들어온 모기만 모닥불로 쫓았습니다.

갈수록 불교의 도는 어렵기만 합니다.

한밤에 내 몸을 모기에게 맡기는 일보다 더욱 어렵습니다.

스님, 제게 그 불교의 도를 가르쳐 주십시오.

# 도란 무엇인가

경봉 스님이 화산 스님에게

도란 무엇인가?

손님이 찾아오면 맛있는 차를 대접하고 모기는 모닥불로 쫓는 것입니다.

도란 높은 것이 아니라 주어진 일에 최선을 다하는 일.

그것이 바로 법도인 것입니다.

애써 도를 알려고 하지 말고 또한 애써 모르는 척 하지 마십시오.

보검으로 죽은 송장을 베지 않는 법.

보검은 항상 자신의 마음속에서 반짝이는 것.

어떤 이가 자신을 찾아오면 스스로 그 보검을 자랑하지 마십시오.

그 어떤 이도 보검을 가지고 있으므로.

스스로 겸손한 것 또한 보검이기 때문입니다.

# 마음의 안부
불암선원에서 경봉 스님에게

문풍지를 찢는 눈 속 찬바람은 살갗을 찌르고

대저 대숲에서 들리는 짐승의 울음소리는 적寂을 더합니다.

적은 고요요 바람은 옷자락을 흔드니 붓을 잡은 손끝이 얼어붙어

글 쓰는 것조차 힘든 겨울 추위입니다.

자고로 겨울은 중에게 더욱 힘든 계절입니다.

위안치리 마음을 달래려고 등불 아래 서적을 펴니

낱장이 그만 바람에 날려가 애써 그것을 쫓지만

어디 중놈아 중놈아, 하고 바람이 나를 놀리는 것 같습니다.

결제한 지 오래 되지 않아 제방소식이 궁금해 몇 자 올립니다.

옛사람이 이르기를

'제1구중第一句中'에서 깨달으면 조불祖佛에 대해 스승이 되고

제3구중에 깨달으면 자신도 구하지 못한다.' 하였는데

제1구와 제2구는 두고 어떤 것이 제3구의 자기도 구하지 못한다는 뜻입니까?

제일 먼저 깨닫는 것과 제일 늦게 깨닫는 것의 차이는 무엇입니까?

# 보검

경봉 스님이 불암선원에게

긴말이 필요치 않습니다.
깨달음이란 늦음과 빠름의 차이가 아닙니다.
얼마나 문장을 깊게 해독하고 이해하느냐에 따라
그 깨달음의 강도가 다르기 때문입니다.

자고로 보검으로는 죽은 송장을 베지 않습니다.

# 진리에 대하여
성철 스님이 비더 교수에게

*이 편지는 미국의 비더 교수가 한국의 해인사를 방문해 불교에 관한 질문을 던진 것에 대한 성철 스님의 화답이다. 일반신도들이 삼천배를 해야만 만날 수 있는 성철 스님 앞에 비더 교수는 참으로 많은 질문들을 던졌다. 불교의 진리는 진정으로 어디에 있으며 학승과 수도승의 차이, 대처승과 출가승려의 차이, 불교에 대한 엄격한 규율 등 동양불교에 대한 깊은 질문을 성철 스님에게 한 것이다.

성철 스님은 이 낯선 이방인의 질문을 앞에 두고 며칠을 고민하다가 그 질문들에 대해 답을 해 주는 것이 도리라는 생각을 했다. 그리고 원고지로 무려 50매가 넘을 정도의 답을 붓필로 써내려 갔다.

전일 내방하셨을 때 어리석음을 무릅쓰고 쓸데없는 말들을 너무 많이 해서

참으로 부끄러웠습니다.

자기도 잘 알지 못하면서

남의 질문에 대답한다는 것은 있을 수 없는 일이지만

이렇게 물어주시니 대답을 안 할 수 없어서

몇 자 적어 보내니 용서하시기 바랍니다.


1.
"진리는 언어문자에 있지 않고 자기 마음속에 있다.
그러니 진리를 알고자 하면 자기 마음을 깨달아야 한다.
만약 언어문자 속에서 진리를 찾고자 하면
땅을 파고서 하늘을 찾는 것과 같다.
때문에 진리를 영원히 찾지 못하는 것이다.
오직 자기 마음을 닦아서 깨달아야 한다."


이것이 불교경전의 근본 입장입니다.
일체의 진리가 자기 마음속에 있다는 것을 이해하지 못하는 사람에게는
경전이 일시적으로 도움이 됩니다.
그러나 좋은 지도자를 만나서 '진리는 마음속에' 란 것이 이해되면
경전은 필요 없습니다.
그래서 경전이 불교 입문의 필수 단계가 되지 못하는 것입니다.
"자기 마음속의 진리를 계발하는 데 제일 큰 장애물은 언어문자다.
그러니 천만 년 동안 경전 공부하는 것이 일일간 마음 닦는 것만 못하다.

경전은 버리고 자기 마음을 닦아라."라고 부처님은 항상 훈계하시고
제자들에게 좌선坐禪을 가르친 것입니다.
그래서 경전을 전공하는 학승學僧과 좌선에 전념하는 수도승修道僧은
상대가 되지 않습니다.
일자무식한 사람이라도 자기 마음을 깨치면
『팔만대장경』을 다 외운 사람들에 비교할 수 없는 큰 지혜의
힘을 얻게 됩니다.
따라서 불교의 생명선은 경전지식이 풍부한 데 있지 않고
스스로의 마음을 깨치는 데 있습니다.
예를 들면 지나支那불교사상의 가장 위대한 인물이었던
선조의 육조 혜능 대사는 일자무식이었습니다.
그에 반해 그의 동문인 신수는 불교뿐 아니라 세간지식에 있어서도
당시 그를 능가할 자가 없었습니다.
그러나 혜능과 신수의 스승은
일자무식이지만 스스로의 마음을 깨우친 혜능에게 법을 전했고
이렇게 해서 혜능의 법손法孫들이 지나불교를 지배하게 된 것은
천하가 다 찬탄하는 바입니다.
경전을 전공하는 자가 없지 않지만 일생을 이것으로 계속한다면

불교의 근본 입장에서 볼 때 이것은 일종의 탈선입니다.
이조 오백 년 불교사상 최고의 지위에 있는 서산 대사는
항상 이렇게 말씀하셨습니다.
"차라리 일생 동안 아주 무식한 사람으로 지낼지언정
경전을 전공하는 학승은 되지 않겠다."


2.
불교에서는 출가승려出家僧侶와 재속신도在俗信徒가
엄격하게 구별되어 있습니다.
일체를 희생하고 모든 중생을 위해 독신으로 수도하는 자를 승려라 하고
세속에서 각종 생활을 영위하면서 불교를 믿는 사람을 신도라고 합니다.
만약 승려로서 대처帶妻하게 되면
자연히 가족 중심으로 불교가 생활도구화가 되고 만다고 봅니다.
그러면 일체 중생을 위해 산다는 불교의 대자비 정신에 배치되는 것입니다.
그러므로 승려의 대처를 엄단하는 것입니다.
그렇다고 승려가 환속하는 것을 허락하지 않는 것은 아닙니다.
일단 환속하게 되면 승려의 자격은 상실이 되고 신도가 되는 것입니다.
아무리 세태가 변해간다고 해도 자기는 아주 잊어버리고

오직 남을 위해 대자비를 구현하는 승려만이

불교의 진리를 깨달을 수 있지요.

승려가 되기 위해서 버려야 할 것이 있다면 그것은 마음의 집착입니다.

이 집착을 버리지 않으면 아무것도 성취하지 못합니다.

집착 중에서도 가장 강한 것이 있는데 가장 강한 것이 성욕性慾입니다.

성욕을 끊지 않고서는 성도成道할 수 없다고

부처님께서 말씀하셨습니다.

그러므로 성도에는 독신이 전제가 되는 것입니다.


3.

모든 식물은 적정량의 염분이 함유되어

그것만으로 건강유지에 충분하다고 의학에서 말하고 있습니다.

이것이야말로 자연식이라고 봅니다.

음식물이란 건강유지에 적량이면 그만이지

구미에 따라서 특별 가공할 필요는 없다고 봅니다.

다년간 무염식無鹽食을 계속하는 것이

특별한 의의를 가진다는 것은 아닙니다.

4.

기도는 자기 마음속에 부처가 있다는 것을
확실히 알지 못하는 사람을 위한
임시방편입니다.
그러므로 자기 마음이 곧 부처라는 것을 알게 되면
기도는 불필요하다는 것보다 오히려 배격되는 것입니다.


5.

누구나 평등하게 가지고 있는 자기 마음속의 부처를 보지 못하는 것은
자기 본심을 덮고 있는 사악邪惡, 즉 번뇌망념煩惱妄念 때문입니다.
그러므로 본심의 부처를 보려면 이 망념의 요소들을 퇴치해야 합니다.
불문에 들어오는 길에는 네 명의 문지기가 있습니다.
네 명의 문지기는 망념을 분쇄하는 장군들이며
그들의 발밑에 깔려 있는 인간들은 사악의 본 모습들입니다.
그러므로 네 문지기의 각 표정은
사악을 구축할 때의 자비와 위험을 나타내고 있습니다.
그래서 절의 불문佛門에 들어오는 사람은
각기 자기 마음속의 문지기로 하여금 자기 마음속의 사악을 항복받고

본래 부처인 자기 마음으로 돌아간다는 뜻입니다.


6.

사찰은 국가 사회에 정신적 양식을 공급하는 지도자.

즉 진리의 사도자使徒者를 양성하는 수도장입니다.

그러므로 일반인의 눈과 귀를 즐겁게 하는 관광지로 개발할 수 없습니다.

해인사에서 관광개발을 반대하는 것은 사찰 본래의 사명인

수도 목적을 달성하기 위한 당연한 행동이라고 봅니다.

정부가 여하한 계획을 세웠던 간에

우리는 수도자의 입장에서 끝까지 노력하지 않을 수 없습니다.

## 불교의 힘
손규태 거사가 성철 스님에게

지난번 저와 비더 교수의 해인사 방문 때
성철 스님의 응대에 깊은 감명을 받았습니다.
전에 없던 불교의 산 인격을 대했던 것은 짧은 기간이었지만
저에게는 평생 잊을 수 없는 시간이 되었습니다.
"누구에게나 마음속에 부처가 있다."라는 말씀은 특히 감명이 깊었습니다.
"어떻게 자신의 마음속에 들어 있는 부처를 보지 못하고
허공에 떠 있는 부처를 찾는가."라는 말씀은 다소 어려운 선문이면서도
충분히 살갗과 피부로 느낄 수 있었습니다.
그 부처란 바로 인간의 착한 심성, 즉 선禪을 말하는 것이겠지요.
아무리 악한 사람이라 할지라도
그 마음속에는 부처와 같은 어짊이 있다는 것이겠지요.

사람이란 늘 내 안의 거울을 바라보는 데 인색합니다.

타인을 통해 자신을 바라보는 습관 때문에

진정으로 자신은 누구인가를

모르며 살아가는 것처럼 말입니다.

그렇기 때문에 나와 같이 어리석은 중생들이 많이 있나 봅니다.

아마 스님의 깊은 법은은 몇 생이 지나도록 다 갚지 못할 것 같습니다.

말씀의 마디마디마다 마치 뼈가 있는 듯한 스님의 말씀은

지금도 귓가에 아련합니다.

특히 모든 사람들이 가지고 있는 자기 마음속의 부처를 찾았을 때

비로소 평화가 온다는 말씀은 두고두고 가슴에 새기겠습니다.

# 인간이란 무엇인가

성철 스님이 손규태 거사에게

보내신 편지는 잘 보았습니다.
지나친 과찬 역시 마음속의 부처를 보지 못하는 까닭입니다.
"네 본 모습을 바로 보라. 네 본래의 모습은 영원하며 절대적인 것이니
이것을 마음이라 혹은 부처라 이름한다."
사람들은 자기가 부처인지도 모르고 중생이라 합니다.
중생을 바꾸어 부처가 되라는 것은 더더구나 아닙니다.
다만 자신이 중생이라고 생각하고 있는 사실을 바로 보면
자기가 원래 부처라는 것을 알 뿐입니다.
진짜 금을 착각하여 아무리 잡석이라 불러도 진짜 금인 것처럼
사람은 자신이 가진 진금眞金이 무엇인지도 모르고 살아갑니다.
그럼 어떻게 자신의 진금을 찾을 수 있을까요?

그것은 바로 스스로의 뉘우침과 깨달음을 통해야 만이 알 수 있습니다.

본래 불교에서는 죄가 없습니다.

불교에서의 죄는 모든 망령된 착각에서 오는 것이며

착각에서 깨어나면 모든 죄는 소멸되며 일시적인 환영에 불과하지요.

이것이 바로 불교의 무죄론입니다.

그렇듯이 본래불에서는 죄악이 있을 수 없다는 이야기지요.

즉 모든 중생이 부처이며 부처가 곧 중생이기 때문이지요.

마음속에 부처가 있다는 것을 알고 어찌 죄를 저지르겠습니까.

모든 사람들이 가지고 있는 마음속의 부처를 찾았을 때

내 말이 거짓이 아님을 깨닫게 될 것입니다.

말이 너무 길어 죄송합니다.

한 번 보신 후 곧 휴지통에 넣어주시기를 바랍니다.

# 불성
성철 스님이 비더 교수에게

무사히 도착하셨는지요?

궁금하던 차에 교수님의 편지를 받고 기뻤습니다.

저는 부처 안에서 기도하며

부처 안에서 살고 있습니다.

일찍이 석가는 '자기 마음속에 부처가 있다.' 는 것을 깨달았습니다.

바로 '절대아 속의 자아' 를 발견했던 것이지요.

이 말은 불교란 석가를 배우는 것이 아니라

석가가 지적한 대로

인간 본래의 자아로 되돌아가는 것을 말합니다.

이 말씀을 깨닫고 나면 이 세상 내 몸 아닌 것이 없고

타인의 몸 또한 내 몸이니 소중하지 않은 것이 없기에

남을 공경할 수밖에 없다는

석가의 깊은 뜻이 남겨져 있습니다.

바로 이것이 무욕이요 영원으로 가는 길입니다.

남을 공경하는 것은 곧 자신을 사랑하는 것이며

자신을 사랑하는 것은 남을 사랑하는 것과 같다는 말입니다.

여기에서 비로소 절대적인 종교생활이 시작됩니다.

이것이 바로 열반으로 가는 길입니다.

그럼 몸 건강하십시오.

## 한용운 선생의 열반

춘성 스님이 경봉 스님에게

한용운 선생님이 열반하셨습니다.

3·1절 독립기념식 때 독립선언문을 낭독하시던

용운, 용성 스님의 모습이 눈에 선합니다.

서대문 감옥소에서 보낸 삼 년간의 세월이

한용운 스님이 열반을 앞당겼는지도 모릅니다.

아마 감옥보다도 더 한용운 스님의 열반을 앞당긴 것은

나라를 잃은 슬픔 때문인지도 모릅니다.

불가에서는 한용운 스님의 비석을 세우기 위해 기금을 모으고 있다니

스님께서도 성의껏 하십시오.

이미 한용운 스님의 신체는 화장을 하고

유골은 망우리 고개에서 성분成分을 하였다고 합니다.

한용운 선생을 위해 비석을 세우고 역사를 세우는 일은 좋으나
다르게 생각을 해보면 오히려 누가 되는 것은 아닌지 모르겠습니다.
한용운 스님의 열반은 참으로 안타까운 일입니다.
그러나 사람의 죽고 남이 부처의 뜻인 것을 어찌 소인배가 알겠습니까?

# 아, 열반
경봉 스님이 춘성 스님에게

한용운 스님의 열반 소식을 듣고 한동안 면벽을 하였네.
그의 얼굴과 팔과 다리, 그리고 도포가 눈앞을 잠시 스쳐갔네.
절에 있으면 비가 오는 것을 알고 눈이 오는 것을 알고
또한 짐승의 울음소리를 들으면
저 소리가 어떤 짐승의 소리인지를 알 수 있네만
삼 년 동안 서대문 감옥에 갇혀
세상 밖에 비가 내리는지, 눈이 오는지, 해가 지는지
모르는 것 또한 고통이었을 걸세.
그의 열반을 앞당긴 것은 감옥이 아니라 마음의 고통이었을 걸세.
그 장장한 기골의 스님이 몸과 마음을 어쩌지 못하고
그냥 개처럼 갇혀 보낸 그 억울한 세월에 대한 것이 아니라

나라를 잃은 슬픔을 주체하지 못하는 마음의 허탈함에서 오는 병일세.

자네가 한용운 선생의 제자이니 잘 알 것이네.

일인들이란 사람이 아니라 미친개와 같아서

그들 중에는 선인을 알 수 있는 눈을 가진 이가 없어

아마 한용운 스님의 고통은 이루 말할 수 없었을 것일세.

아, 결국 열반하셨네.

아, 열반을 찾아가셨네.

항상 소를 잃고 떠돌아다니시던 그분이었어.

그가 거처하는 곳도 심우장이라 지었듯이 결국 소를 찾지 못하고 갔지만

그의 혼은 영원할 것일세.

# 죄와 병

추봉 스님이 경봉 스님에게

일 년에 겨우 한 번 연하장으로 안부를 여쭙는 것밖에 하지 못했습니다.

여가가 없다기보다는 실로 죄를 많이 지어 상서할 면목이 없었기 때문입니다.

이번 해외 만 리 밖에도 벌써 봄이 다가왔습니다.

그곳은 아직도 겨울이겠지요.

시중의 빚을 얻어서 하는 일이 잘 되지 않으나 그저 고만고만합니다.

마음에 병이 들면 건강한 몸도 시름시름 병이 든다는

옛사람의 말씀이 하등 틀림없는 것 같습니다.

불자佛者에 입문한 몸이면서 욕慾을 버리지 못하였으며

인忍을 얻어내지 못하였으며 더욱이 고苦를 얻지 못하였으니

어찌 불자라고 할 수 있겠습니까.

크게 죄를 꾸짖어 주십시오.

옛사람이 말씀하시길 벌불급사罰不及嗣라 하지 않았습니까.

벌은 되물림하지 않는다고 했습니다.

제 잘못을 크게 뉘우치고 있으니

자비심이 깊으신 숙주께서 저와 사숙들을 용서해 주십시오.

불자가 불佛에 몸을 쏟지 못하고 엉뚱한 데 관심을 두었으니

이 또한 용서받지 못할 일이나

땅에 엎드려 이렇게 간절하게 뉘우치고 있으니

숙주께서 한 방울 물로써 인철因轍의 고기를 구해 주십시오.

끝내 죄를 지어 어머니 앞으로 돌아가지 못하는 못난 아들 같은 심정으로

이렇게 속죄하고 속죄하오니 그만 분노를 놓아주십시오.

이만 붓을 내려놓겠습니다.

# 불자의 법도
경봉 스님이 추봉 스님에게

받은 편지를 앞에다 두고서 인간의 죄와 용서를 생각했네.

우선 자네 몸이 건강한지 궁금할 때에 편지를 받아보니 기쁨이 크네.

자네가 허튼 일을 할 사람이 아니라는 것을 잘 알고 있네.

항상 데리고 있는 사숙들 때문에 윗사람이 욕을 듣기 마련이네.

그러나 어찌할 것인가.

아랫사람이 잘못하면 윗사람이 욕을 듣는 것은

당연한 법인 것을.

사람이란 제 잘못을 뉘우치는 것만으로 모든 일이 사하여지는 법일세.

더구나 욕慾, 인忍, 고苦를 뉘우쳤으니 이 또한 얼마나 대단한 일인가.

머리 깎은 중은 가야 할 제 길이 있으며 법도가 있으니

부디 그 길을 잘 따라가게나.

설령 그 길의 끝점이 보이지 않더라도 돌아보면 후회하지 않을 걸세.

그동안 자네는 참으로 나에게 잘하지 않았나.

누구나 한 번의 실수는 있는 법.

부디 마음에 두지 말고 불성에 힘을 쓰길 바라네.

그래도 자네가 해마다 해외에서 보내주는 물질 때문에 마음과 몸이 흡족하네.

데리고 있는 사숙들은 자네가 가지고 있는

법과 인성으로 다스리면 충분할 것일세.

부디 하는 일 큰 성공을 바라며 이만 다감불이多感不已일세.

## 겨울 안거
구하 스님이 월하 스님에게

참선정신이 잘 되는가?
날이 지나고 또 지나가도 자네 생각으로 보내지 않은 날이 없는지라
이 인연을 어찌해야 할지.
겨울 안거를 지나는 동안 공부에 큰 힘을 얻었는가?
큰 진리를 얻기 위해서라면 만사를 제쳐 놓고
공부를 위해 참고 참아야 하네.
나에게 노병이 날로 침범하여 해제날 함께 가지 못하고
더욱이 시자 또한 약시중 때문에 보내지 못한지라
겨울 안거가 끝나면 속히 돌아오기를 바랄 뿐이네.
경봉 화상이 서울 가고 없어서
극락암에 잠시 가서 저녁공양 후 내려올 생각이네.

그리고 지장기도가 머지않은 즉

잠시 쉬었다가 또 정진을 할 터이니 비록 하루라도 다른 곳에 머물지 말게.

다시 말하건대 중은 한 곳에 머물지 않는 것이 본분이라

오직 공부하는 데만 모든 정신을 쏟아야 할 것이니

사사로운 정이나 연민들은 빨리 버리게.

요사이 이 늙은이는 만 가지 걱정이 모두 사라져서

세상에 더 이상 바랄 것이 없네.

정히 바라는 것이 있다면

바라기 어려운 것이 빨리 지나가 버리는 것일세.

나머지는 내가 아무리 재촉하여도 되지 않는 것이니

길에 잠시 버려둘 것이네.

## 마음의 뜻
### 경봉 스님이 구하 스님에게

오동잎이 우물가에 떨어지니
계수나무에 가을이 온 것을 알겠네
가을물은 하늘가에 닿아
한빛이네.

요즘 병환은 어떠하신지요?
한번 찾아뵙고서 그 높으신 법열의 뜻을 들으려고 하나
사람의 일이라서 자연히 뜻은 있어도 저성이 못 미치니
너그럽게 저를 용서해 주소서.
태산에는 반드시 사자가 있고 큰 바다에는 해룡이 숨어 있는 법인데
이 큰 사찰에 어찌 주인이 없겠습니까.

스님께서 영축산의 원로이시며 또한 주인이시니
속히 병이 나아 돌아오시기를 간절히 바랍니다.
신비로운 구슬은 항상 저 탁한 세상을 비추고
보배로운 달은 작은 시냇물도 피하지 않고 비추니
넓은 인연으로 부디 자리에서 일어나셔서 이리로 걸어오십시오.

# 시

구하 스님이 경봉 스님에게

일말의 맑은 바람 외로운 산봉우리에 불어오니

온갖 것에 통하지 않는 것이 없네

구름 사이로 밝은 달 어둡다 하지 말고

애오라지 눈 속에 핀 붉은 꽃을 보라

저 산하와 동정이 두 물건이 아니요

해와 달 오고 감도 이 가운데 일이네

만고의 시냇물 소리는 장광설이요

눈꺼풀이 허공을 몽땅 삼켰다 토했다 하네.

# 모든 것은 꿈
구옹 스님이 경봉 스님에게

지나간 과거사 한바탕 꿈이니 어찌 웃음을 거두겠나.

현재도 또한 꿈이니 웃을 수밖에.

미래 또한 꿈이니 어찌 웃지 않겠나.

과거, 현재, 미래도 모두 꿈이니 웃음이 나오지만

웃을 것조차 없는 것은 또한 무슨 일인가.

웃느냐 하는데 웃음이 나오지 않고 더구나 웃음의 상대도 없으니

이 절대조차 끊어진 이곳에 나를 괴롭히는 것은 무엇인가. 하하하.

# 삼세소笑와 삼세몽夢
경봉 스님이 구옹 스님에게

마음속에 항상 구옹 스님이 잊혀지지 않더니
편지를 받아보니 눈앞에 얼굴이 선합니다.
항상 세 개의 웃음과 세 가지의 꿈을 안고 사시니
스님이야말로 이 세상에서 가장 복 받은 분이십니다.
그러나 어찌 세상을 웃음과 꿈으로만 살 수 있겠습니까.
오히려 스님의 웃음이 제 가슴에는 통증으로 와 닿는 것은
어찌할 수 없으니 저를 그만 놓아주십시오.
어지러운 세상사에 신발을 벗어 문지방에 두시고
말씀은 벽면에 옷자락으로 걸어 두시고
번민은 계곡물에 늘 빨아두시니
스님의 심신은 이루 다 말할 수 없도록 편안하십니까? 허허.
이미 삼세소와 삼세몽을 초탈한 스님의 얼굴이 무척이나 보고 싶습니다.

# 꿈길
설봉 스님이 경봉 스님에게

인사말은 쓸데없는 서두이니 줄이겠습니다.
구하 스님께서 입적하셨다니 애모의 생각을 무어라 형언할 수 없습니다.
그저 슬프고 슬플 뿐입니다.
세상일이 흘러가는 한 폭 구름 같고 꿈과 같다 하지만
갑작스런 구하의 입적에 놀라 그저 기절할 지경입니다.
저 또한 몸이 병고에 시달리니 곧바로 가서
영전분향예배조차 드리지 못하니 부끄럽습니다.
한 세상 사는 일이 그저 꿈길인가 생각하니 남은 생이 부질없고
살아온 길에 또 하나의 죄를 업는 것 같아 몸둘 바를 모르겠습니다.
'산다는 것이 곧 죄이며 그 죄의 용서를 위해 산다.' 는 말이
어쩌면 맞을지도 모르겠습니다.
이렇듯이 모든 것이 아침 이슬이니 남은 목숨 이슬처럼 살아야겠습니다.

# 밤길

경봉 스님이 설봉 스님에게

낮엔 꾀꼬리, 밤으론 두견새 우는 여름 밤.

귓가엔 물 흐르는 소리가 청아하게 들립니다.

간밤에 지어놓은 시가 아침이 되면 부질없는 헛소리가 되고 마는 이 깊은 밤

스님은 무엇을 하고 지내는지요.

궁금하던 차에 혜한을 받으니 기쁘기가 한이 없습니다.

사는 것은 분별력을 가지는 것인데 딱히 옳고 그름을 분별하는 능력을

가진 사람이 세상에 과연 몇이나 있겠습니까.

스님의 밝은 눈이 아니면

세상에 처신함에 있어서 이와 같이 잘 분별할 수 있겠습니까.

과연 얻은 바가 있고 자식이 있음이니

누가 스님에게 칭찬을 마다하지 않겠습니까.

비록 맛이 없는 차지만 후일 차 한 잔을 대접하겠습니다.

남은 말은 뒤로하고 이만 회답을 드립니다.

밤길에는 흰 것을 밟지 마십시오, 물이 아니면 돌이니까.

*혜한 : 편지.

## 업業

추규영 거사가 경봉 스님에게


스님, 머리를 조아리고 소식을 전합니다.

문생文生은 서울의 한 모퉁이에 칩거하여 근근히 지내오니 민망합니다.

살아온 삶을 돌이켜 보면 내 생의 한 모퉁이에 은둔해 있던

아픈 기억들이 새삼 되살아납니다.

누구나 다 인생을 돌이켜 보면 후회와 아픔뿐이겠지만

이젠 세상일은 모두 잊어버리고 오직 수도에만 전념코자 합니다.

생각해 보니 65년의 생애가 몽환포영夢幻泡影 같으며

지나간 길 위에 펼쳐진 뜬 구름 같은데

이제 또다시 세상일에 몸을 던질 가치가 있겠습니까.

한때는 나라를 잃어버린 슬픔 때문에 왜놈들과 싸우던 한 시절이 있었으며

때론 공직에 몸을 담아 그야말로 빈 몸으로 살아와

남은 것은 이젠 몸뚱아리 하나뿐입니다.

업業이란 내가 만든 것이라 이제 그 업을 정리할 때가 온 것 같습니다.

인생이란 뜻을 세우고 행하며

마침내 그것을 정리하는 작업이라고 한다면 잘못된 생각일까요?

이제 법문에서 말하는 오계五戒와 십계十戒를 지킬 수 있게 되었습니다.

젊은 날은 참으로 하지 않아야 할 일을 많이 했으며

또한 무욕을 견디기 어려웠지만 깨끗한 마음으로 남은 생을 비우겠습니다.

몸에 덧없이 병이 와서 고생하고 있습니다.

안국동 조계사에는 여름과 가을에 법문을 들으러 갔으나

요즘은 건강 때문에 가지 못해 심히 마음이 괴롭습니다.

스님의 만수무강을 빕니다.

# 업이란 무엇인가
경봉 스님이 추규영 거사에게

받은 편지를 읽고 많은 생각에 잠겼습니다.

업이란 무엇인가?

사람은 업에 업을 업고 살며 그 업을 지우기 위해 또한 살아갑니다.

그렇기 때문에 살아온 길을 되돌아보면

형의 말씀대로 인생은 부질없는 꿈과 환영일 뿐입니다.

아, 그렇기 때문에 세상은 살아야 할 가치와 이유가 있는 것입니다.

이곳은 구름과 물소리와 함께 사는 운수병발雲水甁鉢의 생애이오니

별 걱정하지 마십시오.

참으로 무욕의 나날입니다.

욕심을 가진다면 그저 뒷산 대숲 바람 소리가 잦아지길 바랄 뿐입니다.

찬 겨울이어서 바람이 황소입니다.

이만 줄이오니 어서 병석에서 일어나십시오.

얼마 전《조선일보》기사 중에 공훈포상자의 이름이 형과 같았는데 축하드립니다.

운 한 자락 띄우겠습니다.

　　우주가 나의 집 큰 도량이라

　　눈을 열어보는 곳마다 청량해지네

　　사람이 물들지 않았으면 탁한 데 있어도 오묘하며

　　마음을 스스로 비웠으니 탐욕은 오히려 향기이네

　　첩첩한 산 모습은 천고에 푸르른데

　　모든 세태는 하나의 참된 광명일세

　　구름이 개이고 비가 그쳐 가을 바람 소슬이 부니

　　만리 푸른 하늘에 붉은 해가 길구나.

# 무 無

박한영 스님이 경봉 스님에게

없는 것은 있는 것보다 나으며

있는 것은 없는 것보다 오히려 좋으며

있고 없는 것은 사람의 마음속에 있는 것이라

늘 비워두면 자꾸 무엇인가 채우려고 하니

그럴수록 자꾸 마음을 비워라.

스님 무無란 무엇입니까?

정말 무의 세계만이 피안으로 가는 길입니까?

그럼 그 무를 얻는 법은 무엇입니까?

참으로 마음이 답답합니다.

## 무란 무엇인가
경봉 스님이 박한영 스님에게

괜한 마음고생이 심하십니다.
옛말에 이르기를 '닦는 것과 닦지 않는 것은 두 가지 말이니
물질에 아무런 욕심이 없다면 그저 그대로 내버려 두라.'
또한 '마음이 마음에 머물고 경계가 경계를 취하지 않으면
자연히 망념이 일지 않고 도에 걸림이 없으리라.' 했습니다.
이는 바로 무란 마음에 있음을 말하는 것입니다.

# 그리움
박한영 스님이 서병재 스님에게

스님과 만난 지 벌써 몇 해, 그리움이 물밀듯이 밀려옵니다

강산도 낯설고 절친한 사람도 없는 낯선 일본 땅에서

어떻게 나날을 견디옵니까?

일본에서의 포교는 어떠한지요?

가을이라 산초의 향기가 문지방까지 날아와 코를 간지럽히는 통에

끝내 도포자락을 끌고 산길을 나섰더니

어느새 빨간 고추잠자리가 맴을 돕니다.

조선의 가을은 그래서 깊나 봅니다.

스님은 언제 이곳으로 오실 예정인지요.

일인들이란 늘 조선인에 대한 학대가 심하오니 깊은 경계를 풀지 마십시오.

더욱이 조선 불교인들이 독립운동에 많이 앞장선 터이라

스님들에게 그리 좋은 감정을 지니고 있지 않사오니 부디 몸 건강하십시오.

이따금 저는 산꽃향기가 지천인 산에 올라가

바람을 벗 삼아 생각에 잠기곤 합니다.

그러나 번민에 잠기지는 않습니다.

생각이란 하면 할수록 꼬리를 무는 것이라

되도록 마음속에 있는 번뇌의 부적을 떼어버리는 것이

도道로 가는 길이기 때문이지요.

저는 올 여름에 일본으로 가 교육계를 시찰할 예정입니다.

그때 스님을 뵙게 되겠지요.

만나서 하루 만에 숱하게 쌓였던 회포를 풀기를 간절히 원합니다.

부디 몸 건강하십시오.

# 허공

**경봉 스님이 탄허 스님에게**

허공에 한 점 손가락으로 친 이 참소식을
우주 인간 중에 몇 사람이나 아는가?
내가 허공에 대고 손가락으로 한 점을 찍으면
거기에 찍은 표시가 남아 있느냐?
인간이 몇이나 그 표시를 알아 볼 수 있겠느냐?

진리란 늘 허공 속에 떠 있는 것.
다만, 발견하는 자와 못하는 자의 어리석음의 차이일 뿐.

# 한 조각 돌
탄허 스님이 경봉 스님에게

스님의 혜한을 엎드려 받았으나

답을 올릴 여가를 못내 송구스럽고 그저 민망스럽습니다.

부탁하신 상원사 탑의 사진은 시자에게 말해 놓았으나

아직 도착하지 않아

다만 비문 원고의 탁본만 보내오니 한번 보십시오.

오호라!

이 한 조각 돌에 어찌 선사의 한평생을 모두 다 전할 수 있으랴만

평소의 듣고 아는 것을 돌에 새겨서

부디 후학들에게 귀감으로 삼으려 합니다.

바라옵건대 도道를 위하여 자애하시기를 비옵니다.

## 울음과 그름
운봉 스님이 경봉 스님에게

혜서를 받아보니 구절구절마다 옥필玉筆이었습니다.

더욱이 우리나라의 진종사鎭宗師의 법문이오니 오죽이나 하겠습니까.

그러나 이젠 건강을 걱정할 때이오니 너무 공부에 집착하시지 마십시오.

스님이야 사는 그 모습이 바로 공부이지 않습니까.

먼젓번에 오셨을 때 소홀한 대접이 적지 않았는데도

오히려 후한 대접을 받았다 하니 단석산斷石山의 부끄러움이 막심합니다.

세월은 물같이 흘러가는데

실로 미리 정할 수 있는 것이 하나도 없는 것 같습니다.

나 역시 스님에게 한 번 찾아가는 것도 미리 기약할 수 없어

그저 안타까울 따름입니다.

요즈음에는 대중들에게 무엇을 설법하는지요?

옳음과 그름을 판단하는 일이

아마 세상에서 가장 중요한 일이 아닌가 생각됩니다.

옳음과 그름을 알면 이 세상에 죄는 하나도 없을 것이며

도둑놈이 없을 것이며 또한 법이 필요 없을 것입니다.

그러나 옳고 그름을 판단하는 사람이 세상에 과연 몇이나 있겠습니까.

다만 옳고 그름을 판단하는 사람의 마음 자세가 더 중요하겠지요.

스님도 어쩌면 그 길을 위해 수행하는 것이 아니겠습니까.

제가 괜히 쓸데없는 말을 한 것 같습니다.

한겨울 엄동설한인데 따뜻하게 입고 더운 방에 앉아서

스님과 함께 탁주 석 잔 마심이 어떠하십니까? 허허허.

남은 말은 법을 위해 비워 두고 이만 줄입니다.

# 어리석은 자의 의문
류래완 거사가 경봉 스님에게

스님, 지금 창 밖에는 세우細雨가 내립니다.
그동안 몸 건강히 잘 있었습니까?
소인은 아직도 허무의 울타리를 벗어나지 못하고
하루하루를 어둡고 가슴 답답하게 지내고 있습니다.
왜놈들의 감옥 속에 있는 것처럼 차마 아무런 일도 하지 못하고
그저 가는 세월만 죽이고 있으니 이를 어찌하면 좋겠습니까.
깊은 산속, 다만 홀로 앉아 미소하는 좌불坐佛의 생이 아니라
냄새나는 진흙땅 속에서 진리를 찾아가는 유불遊佛의 생이 되려고 했지만
내가 살아온 길을 돌아보면 후회가 막심합니다.
어떻게 살아야 후회 없는 삶을 살 수 있을까요?
3년 간 일본놈의 감옥 속에서 보내면서도

단 한 번의 후회도 하지 않았던 소인이

이렇게 생을 뒤돌아보는 것은 무슨 연유일까요.

아, 차라리 만행을 하였으면 좋겠습니다.

끝없이 진리를 찾아나서는 유불의 생이 그리워집니다.

# 읽음의 고통
경봉 스님이 류래완 거사에게

편지를 받고 한동안 많은 생각을 했습니다.

류 선생의 편지는 즐거움이 아니라 하나의 고통이었습니다.

독립운동가이며 제헌 국회의원을 역임하신 선생께서

어떻게 허무주의에 빠져있는지요.

유불이든 좌불이든

행하는 자의 마음속에 부처가 앉아 있는데

어찌 류 선생은 깨닫지 못하고 있는지요.

생이란 생각하기 나름이 아닙니까.

차라리 옷을 훌훌 벗고

저잣거리의 중생들 속으로 들어가 사십시오.

그러면 사는 재미와 살아야 할 이유를 느낄 것입니다.

류 선생은 그동안 너무 많은 일을 해 왔습니다.

몇 사람의 생을 더불어 살아왔습니다.

그것만으로도 류 선생의 몸과 영혼은 지쳐있습니다.

류 선생의 그러한 허무적인 생각이

다른 중생들에게 오히려 사치로 보일 수 있습니다.

생은 생각 끝에 행하는 것이지

생각만 하고 실천에 옮기지 못하는 것은 더 나쁜 것입니다.

오늘 한 번이라도 마음을 살펴 만행을 떠나십시오.

# 번뇌란 무엇인가

류래완 거사가 권상로 스님에게

추위가 풀릴 만한데 이렇게 날이 추우니 아직 봄은 멀기만 합니다.

몸은 편안하신지 생각하며 빌고 빕니다.

두서 없이 펜을 들어 죄송합니다.

이것도 다 불가의 뜻이겠지요.

세존의 말씀에 의하면 모든 헛됨을 멀리해야만

마침내 더러움이 다하여 번뇌가 사라진다고 했습니다.

즉 가고 옴이 없으며 득과 실이 없으며 멸滅이 없으며

더욱이 고통도 없는 세상이 온다고 했습니다.

그것은 즉 불교의 최고 경지인 깨달음으로 가는 것이겠지요.

그러나 인간에게 간사한 그 무엇이 있어

헛된 줄 알면서도 행하는 버릇이 있습니다.

즉 희로애락의 본성을 인간은 타고났기 때문에

하지 않아야 할 일은 더욱 숨어서 하는 이상한 끼를 가지고 있는 것 같습니다.

이 인간만이 가지는 사악한 욕망을 지울 수 있는 길은

과연 어떤 길이겠습니까?

백팔번뇌를 지울 수 있는 바로 그 길 말입니다.

이 엄청난 질문을 앞에다 두고서

스님에게 서신을 보내는 저의 마음 또한 간절합니다.

아마 저에게 번뇌가 많기 때문일 것입니다.

# 깨달음을 얻는 일
권상로 스님이 류래완 거사에게

사람에게 백팔번뇌가 항상 있습니다.

이는 사람이기 때문에 찾아오는 끊임없는 번뇌를 말하는 것입니다.

번뇌는 곧 생각이며 마음입니다.

가진 것이 분명 있는데 없는 것 같고

얻은 것이 있는데 잃은 것 같은 마음.

그것이 바로 인간을 사악하게 만드는 근원입니다.

불교에서 '개에게도 불성이 있다.' 는 말이 있습니다.

이는 개도 생명이 있다는 말일 것입니다.

그러나 사람과 개의 차이는 바로 생각하느냐 생각하지 않느냐의 차이입니다.

사람은 그 생각 때문에 늘 번뇌에 시달리는 것입니다.

한 번쯤 모든 것을 던져버리고 떠나보는 것도 좋을 듯합니다.

깨달음을 얻는다는 것은 마음의 도를 얻는 것과 같습니다.

도는 그저 찾아오는 환상 같은 것이 아닙니다.

끝없이 자신의 몸을 닦고 닦아야 얻어지는 진리입니다.

옛말에 '이미 헛된 것이면 지을 때도 헛됨이며 받을 때도 헛됨이며

깨달아 알 때도 헛됨이며 혼미할 때도 헛됨이며

과거, 현재, 미래도 다 헛됨이다.' 라는 말이 있습니다.

이는 바로 어떤 일을 시작할 때 자신의 올바른 판단을 요구하는 뜻입니다.

시작할 때 바른 것이면 그 종점도 바른 것이며

처음이 헛된 것이면 그 끝점도 헛되다는 진리의 뜻이지요.

여기에 바로 인생의 깊이가 잠들어 있습니다.

그러니 끝없이 번뇌하십시오. 하하!

## 나쁜 피

경봉 스님이 운봉 스님에게

사람에게는 늘 냄새 나는 고름과 나쁜 피가 있어
이것을 가끔 빼 주어야 하듯이
사람은 항상 수행을 통해 스스로 자정自淨을 해야 합니다.
그것은 바로 마음속 고요를 얻는 것이기도 합니다.
마음이 고요해지면 번민이 사라지고
마음이 고요해지면 무욕의 길을 갈 수 있으며
마음이 고요해지면 언어와 행동이 바르게 되며
마음이 고요해지면 비로소 성자가 되는 것입니다.
고요하다는 것은 곧 허공이며 물입니다.
스님, 저는 마음의 고요를 얻기 위해 면벽을 합니다.
벽을 마주하고 가부좌를 하고 있으며
백팔번뇌가 왔다가 사라지는 것을 볼 수 있습니다.

## 마음의 병
정시우 거사가 경봉 스님에게

어머니 몰래 짐을 꾸려 집을 나섰을 때
새벽길이 왜 그리 멀었는지 모르겠습니다.
힘든 고시 공부를 그만 두고 출가를 결심했을 때
참으로 저에게는 힘들었습니다.
왜 나는 스님이 되려는 것일까?
아니 잠시나마 인생을 도피해 보려는 것이 아닐까?
눈물 흘리는 어머니의 얼굴을 뒤로 하고 몰래 야간 열차에 몸을 실었을 때
새벽별은 그래도 빛나고 있었습니다.
참으로 정착지도 없고 닿아야 할 곳도 없이 떠나는 먼 길이었습니다.
그리고 가 닿은 곳이 극락이었습니다.
중이 되고 싶다는 저에게 스님은 그냥 돌아가라는 말씀만 거듭하셨지요.

"네 놈 눈빛은 중이 될 눈빛이 아냐.

못된 놈. 썩은 몸뚱아리를 가지고 어디 중이 되려고 하느냐.

속세의 연을 끊지 못하는 사람은 결코 중이 될 수 없느니라.

네 놈의 눈빛에는 연緣이 가득해

설사 출가하더라도 타속할 놈이니 어서 돌아가거라."

사흘 밤 무릎을 끊고 애절하게 기도하는 저에게

스님은 끝내 출가를 허락하지 않았습니다.

산을 내려오면서 내내 스님의 얼굴을 생각했습니다.

그리고 어머니의 얼굴이 자꾸 겹쳐졌습니다.

무엇이 나를 이 산속으로 오게 했으며

또한 무엇이 나를 이 산자락을 내려오게 했는지

집으로 귀향하는 열차 안에서 생각 끝에 알게 되었습니다.

저에게는 부처님보다도 더 공양해야 할

늙은 어머님이 곁에 있다는 것을 알게 되었던 것입니다.

# 심우장

경봉 스님이 한용운 스님에게

경성부 성북정 초가 한 채 그대가 지은 심우장.
그대의 호가 목부牧夫라
심우장 목부 화상이요 집 이름은 심우장이라 했듯이
소를 얻어 기르는 것이 분명한데
지금 그대 집에는 소가 없습니까?
어느 날 어느 때에 그 소를 잃어버렸습니까?
만약 본래 잃지 않았다면
지금 그 소는 어디에 있습니까?
소가 없다면 어찌 그대가 소를 기른다 할 수 있으며
소를 먹인다 할 수 있습니까?
이 어지러운 때에 마음의 곡한 데를 헤집고 있습니까?

그대와 같이 저 또한 소를 잃어버렸듯이

소를 찾고 있는 것은 저도 함께라는 것을 잊어버렸습니까?

심우장 목부 화상이여!

삼각산이 첩첩하여

높은 봉우리는 높고 낮은 봉우리는 낮아

바람은 소슬하고 물은 차디찬데 부디 몸조심하십시오.

바라옵건데 일구를 써서 보내십시오.

\*심우장 : 나라를 잃은 슬픔을 소로 비유한 경봉 스님의 애절한 사연이 담긴 가필.

## 털과 뿔

한용운 스님이 경봉 스님에게

털과 뿔이 나지도 않았는데 어찌 얻고 잃음이 있겠습니까.

목부가 일이 많아서 부질없이 심우장을 지었습니다.

*나라가 이미 없는데 어찌 잃고 얻음이 있겠는가. 그러나 되찾을 나라를 위해 아직도 해야 할 일이 남아 있다는 한용운 스님의 답변.

# 극락은 어디입니까

종묵 스님이 경봉 스님에게

삼복의 무더위에 공손히 편지를 올립니다.

공경하는 경봉 큰스님의 건강은 어떠하시며

하늘과 사람을 위하심이 한결같이 맑고 편안하신지요?

설법 때문에 과로하시는 것은 아닌지요?

권속들도 편안하며 잘 지내는지요?

경봉 스님의 법문이 온 산하에 미치니

법행法行의 구구함을 다 이르지 못하겠습니다.

저는 이 외딴 절에서 흐르는 구름을 벗 삼아 걸림없이 수학하며

오직 마음의 정화를 위해 좌선하고 있습니다.

법을 보이신 중에 시냇물과 솔잎만으로도 한 생을 살 수 있다는 말씀이

가슴에 크게 와 닿았습니다.

바로 빈자貧者의 넉넉함입니다.

가진자는 가진 것 때문에 불안하고 빈자는 없는 것 때문에 괴로워하는 것이 사람들의 마음이거늘 스님은 어찌 빈자의 넉넉함을 가지고 있습니까.

바로 스님이 극락이며 내세입니다.

저는 이곳에서 왼쪽 눈이 반 근이요 오른쪽 눈이 여덟 냥이라

왼쪽과 오른쪽의 눈이 바라보는 것이 다르니

이 또한 저의 수양이 부족한 탓이오니

양눈의 무게가 같아지면 스님에게 돌아가서 절하겠습니다.

    극락을 멀리서 바라보니 물과 산이 다해

    따스한 바람을 보내니 감로수가 서늘하네

    어느 때에 한산길을 동행하여

    함께 저문 날에 산사의 종소리를 들을꼬.

감화가 끝이 없어 큰스님. 이만 말을 줄입니다.

부디 법문이 아침 이슬에 젖어 반짝이시길.

# 심안 心眼
경봉 스님이 종묵 스님에게

너무 과한 칭찬은 오히려 욕이 되네.

아직도 극락을 찾지 못하고 헤매고 있나?

바로 자네가 극락이며 지옥이네.

바라보는 양쪽 눈의 무게가 다르다니 어서 안경을 끼게.

안경은 비싸 사지 못하니 마음의 안경을 사서 끼게.

# 병이란 마음에서 오는 것

경허 스님이 자암 거사에게

세상사는 곳에서 멀리 벗어나 천장암에 몸담고 있으면
모든 시름들이 옷자락의 올씨처럼 훌훌 다 풀려나가는 것 같습니다.
천장암이 무릇 좋다는 것은
한쪽은 높은 산이요 다른 한쪽은 바다를 끼고 있기 때문일 것입니다.
그래서 많은 사람들이 풍경을 보러 찾아오는 것은 당연하지만
속세에 때를 묻힌 사람들의 귀거래가 마음을 적잖이 심란하게 합니다.
괴롭고 괴로운 일입니다.
듣자 하니 자암 스님께서 병으로 매우 고생하신다 하니
이것이 바로 수행하는 사람이 거쳐야 하는 과정이 아니겠습니까.
부처와 조사도 마찬가지일 것입니다.
자고로 이곳은 정신을 차려서 정진하는 곳이며

헛된 욕망의 경계에서 유희하는 곳이니

무엇을 근심하고 기뻐하겠습니까.

하물며 병이란 마음으로부터 오는 것인데

사람들의 마음이란 봄 아지랑이 같은 것이어서

항시 곧지 못하고 흔들리기 때문일 것입니다.

이 경허는 배가 고프면 고프다 하고 추우면 항시 춥다고 하듯

있는 그대로 세상을 살며 잠이나 잘 따름입니다.

그렇듯이 저는 지금 수행하는 나의 모습은 없고

이곳에서 두세 명의 스님과 함께

산가야곡山歌野曲을 부르며 지내고 있는 실정입니다.

듣자 하니 자암 스님께서 이곳을 방문할 생각이 있는 듯한데

어찌 오래 기다리겠습니까.

하지만 겨울 날씨가 너무 추워서 오시기가 여간 어렵지 않을 테니

날씨가 좋은 날을 기다려 오셔서 좋은 인연을 잊지 않도록 하십시오.

## 마음의 길

경허 스님이 장상사 · 김석두 거사에게

날을 조용히 보내며 몸과 마음은 편안하신지.
이 중은 차 한 잔을 끓이며 헛된 마음의 병을 내쫓고 있습니다.
지난달에 서신 한 장을 실상사 약수암 스님 편으로 부쳤는데
받아보셨는지요.
이제 용문사로 가는 인편이 있기에 두어 자 전하오.
옛글에 보면 "군자는 자기 스스로 만족을 느끼면
밖의 것을 기다리지 않음을 덕이라 한다." 하였으니
이 글은 평범하지만 깊은 뜻이 담겨져 있습니다.
대개 생과 사, 열반, 범부와 성인, 선과 악은
군자가 스스로 공부해 얻어지는 것이며
그 수행의 길은 참으로 어렵고 힘든 과정이라는 것을

새삼 말하지 않아도 알 것입니다.

이미 밝은 고요로움이 없고, 스스로 깨닫는 자가 없으니

질투, 욕망의 덫이 곳곳에 산재해 있어 모든 것이 어지럽습니다.

이는 모두가 자기 수행이 부족한 탓입니다.

마음이 고요하면 무욕의 기쁨을 느낄 수 있으며

마음이 깨끗하면 모든 병으로부터 자신을 지킬 수 있으며

마음이 착하면 스스로 복이 굴러 들어오느니

마음을 비우는 자만이 비로소 모든 것을 얻을 수 있는 법이외다.

부디 스스로를 위해 정진하십시오.

서로가 너무나 멀리 떨어져 있기에 종이를 대하고 있으니

그저 망연할 뿐입니다.

## 만행의 끝

효봉 스님이 경봉 스님에게

금강산에서 한 번 뵌 지 20여 년이 지났습니다.
이제 거의 잊혀져가던 중 홀연히 생각이 나서 편지를 쓰려고 붓을 드니
할 말은 참으로 많으나 종이가 짧습니다.
스님의 얼굴조차 가물가물하지만 그래도 그 우렁찬 목소리는
귓가에 아직도 들리는 듯합니다.
저는 병술년 가을에 해인사에 와서 스님들과 다섯 해를 지냈지만
헛되이 신도들의 은혜만을 입는 것 같아
이곳에서 자리를 뜨려 하고 있습니다.
영축산 아래 불지종가佛之宗家는
제 스승이었던 용악 스님이 주석하시던 도량이라
비록 불초하나 감히 옛 어르신의 자취를 그리워하여

이제부터는 남은 생애를 그곳에서 마칠까 합니다.

위안치리 지금 창 밖은 눈이 내리고

찢어진 문풍지 사이로 겨울 바람이 세찹니다.

짐승도 나서 죽을 때는 제가 태어난 곳을 찾아가듯이

저 역시 기력이 쇠하여 제 선사가 머물던 그곳을 찾아가

마지막 생을 점검하고 싶습니다.

뒤늦게 경봉 스님을 만난감이 없지 않지만

또한 오랜 생의 인연이 아니겠습니까.

한번 찾아 뵙고 이제까지 소홀했던 것을 진심으로 사과 드리겠습니다.

뒤늦은 만행의 끝점에 그곳에서 머물기를 진심으로 바라오니

스님께서 저를 받아 주십시오.

# 내원암에서 쓰는 편지

효봉 스님이 경봉 스님에게

'달마는 왜 서쪽에서 왔는가'

이 선가禪家의 암호 같은 화두를 앞에다 두고서

서래각에 앉아 생각합니다.

그리고 나는 왜 출가를 해야만 했는가를 생각합니다.

내가 과연 한 생명을 뺏을 수 있는가?

과연 인간이 인간을 심판할 수 있는가?

이미 내 몸이 세속의 70에 들었으나

아직도 뼈아픈 화두를 앞에다 두고서

끝내 결론을 내리지 못합니다.

내가 말한 모든 법

그거 다 군더더기

오늘 일을 묻는가

달이 일천강에 비치리.

지금 생각하면 나의 출가는 나의 뜻이 아니라
부처님의 뜻이었는지도 모릅니다.
산복숭아나무꽃이 붉디붉은 이 계절에 스님은 어떻게 보내고 있습니까?
몸은 건강하신지 궁금합니다.
생生과 사死가 부처님의 뜻이온데
아직도 무無자 화두 속에서 파묻혀 살아가십니까?
바라옵건대 그 무의 경지를 저에게도 가르쳐 주십시오.
그럼 이만 말을 줄이겠습니다.

## 화두

경봉 스님이 효봉 스님에게




무無란 없는 것이 아니라 비워져 있는 것.
비워져 있음은 곧 채울 수 있음을 말하는 것.
늘 비워 둠으로써 얻어지는 마음의 공복空僕.

한번 화두를 꺼내면 접을 수 없는 그대에게
어찌 답을 하지 않을 수 있는가.
아직도 생과 사의 화두 속에 파묻혀 있는가.
이젠 벗어나 시냇물에 발이나 담구어 보게.

## 쓸어버리지 못하는 향기
탄허 스님이 일장 스님에게

지난번의 방문은 지금까지 향기가 남아

동자아이로 하여금 쓸어버리지 않게 하고 있습니다.

사람이 그리운 것은 속세나 산사나 마찬가지일 겁니다.

헐뜯고 흉봐서 원수와 친하지 않는 것이 무생이며 자비라는

옛 조사의 훈계는 틀린 말입니다.

원수일수록 사랑하는 마음, 그것이 곧 불생의 마음일진데

어째서 원수와 친하지 않는 것이 자비라는 말입니까.

한 번 머리 조아려 거듭 생각해 보십시오.


가을이 와서 서늘해지면 한번 방문하시리라 생각됩니다.

## 몸 깊은 산

한암 스님이 효봉 스님에게

편지를 받아본 지는 오래 되었는데 해가 바뀌도록 답장을 못 보냈으니
이 허물을 용서해 주십시오.
그저 저는 소박하게 깊은 산에 몸을 감추고
흐르는 물소리와 지저귀는 새 소리를 들으며
내가 산을 감추웠는지 저 산이 나를 감추웠는지 모를 일상에 젖어 있습니다.
그러나 세상일이란 정해진 것이 아니라서
또 어디로 몸을 옮겨야 할지 모르겠습니다.
뒤돌아보면 젊은 시절의 만행은
참으로 엄숙하고 배워야 할 것들이 많았으나
차마 지금은 그것조차 하지 못하는 병든 몸이라
이를 어찌하면 좋겠습니까.
더구나 동짓날 초순에 새벽문을 나서다가 발을 헛디뎌 다친 허리와 팔이

아직도 완쾌되지 않아 기혈이 많이 쇠약해졌습니다.
가부좌를 틀고 세상과 면벽하면서 귀 닫고 눈 닫고 입 닫고 사는 것도
다 부처님의 뜻이라 생각했지만
이젠 자리에서조차 일어나기가 힘듭니다.
스님의 길이란 면벽의 길이라고 했듯이
이제 제가 마주해야 할 벽은
제 육신 앞에 서 있는 쓸쓸한 시간들뿐입니다.
중놈이 쓸쓸한 것은 당연한 것이지 않느냐고
저를 누가 꾸짖어도 좋습니다만
몸 깊은 산을 떠나고 싶은 마음이 간절한 것은
아마 병든 몸 때문일 것입니다.
만약 석장錫杖을 옮기고자 하시면
스님의 뜻에 따를 생각입니다.
비록 오란 말이 없어도 육신을 끌고 갈 터이니
부디 오지 말라는 말씀은 하시지 말기를 바랍니다.
끝으로 향봉 사주는 작년 가을 탄허와 함께 남도로 갔는데
그곳에서 겨울을 난다고 합니다. 합장.

*석장錫杖 : 큰스님들의 지팡이. 여기서는 스님의 몸을 일컫는다.

## 스승의 죽음
경봉 스님이 향곡 스님에게

근조謹弔.
성월 스님이 입적하셨다는 소식을 듣고
참으로 인생이란 무상하다는 것을 느꼈습니다.
스승의 입적에 대한 향곡 스님의 마음은 심히 착잡하겠으나
가는 세월은 잡을 수 없고 죽음과 삶을 인간의 힘으로는 어찌할 수 없으니
다 부처님의 뜻이 아니겠습니까.
스승과 제자의 사이는 부모와 자식간 사이보다도 더욱 정이 깊은 터
향곡 스님의 은사에 대한 그리움은 말로 다 표현할 수 없을 것입니다.
앞으로도 가끔씩은 비워진 마음속으로 성월 스님이 들어와
향곡 스님의 마음과 정신을 다독거려 줄 것입니다.
저 역시 눈을 감고 가만히 성월 스님의 얼굴을 생각하면

웃는 모습이며 그 단아한 품새가 떠오릅니다.
하물며 매일 곁에서 모시던 향곡 스님이야 오죽하겠습니까.
그리움은 때론 사람에게 세상을 살아가는 의미를 가르쳐 줍니다.
또한 살아야 할 이유가 바로 그것입니다.

> 산이여 산이여, 나뭇잎이 하늘거리고
> 물이여 물이여, 시냇물이 차갑도다
> 저 하늘 비구름 허공에 흩어지니
> 달은 천강 물 위에 비추네
> 일만 산봉우리 높고 낮아 의구히 푸르른데
> 차 달이고 향 사루어 옛길을 통하네.

\*이 조사는 향곡 스님의 은사 스님인 성월 스님의 입적을 애통해 하는 경봉 스님이 향곡 스님에게 보낸 것임.

## 마음의 적賊에게
경복 스님이 향곡 스님에게

지난번 편지의 답은 비록 좋기는 하나 아양峨洋의 곡조를 모르니

옛 양주楊洲를 헛되이 지나는구나. 쯧.

다시 전날 차 안에서 서로 이야기한 암두 스님과 노파의 화제는

옛사람들이 이미 이야기하였을 뿐만 아니라

암두 스님 자신도 역시 삿대로 노파를 친 것을 가슴으로 후회하다가

끝내 강을 건네주는 사공일을 포기하고 깊은 산에 들어가 수련하였습니다.

옛 시를 다시 써서 보내니 음미하시기를 진심으로 바랍니다.

    친자식을 버렸는데 자식만큼 친한 것이 없어
    손 뿌리치고 집에 온 뒤로는 나루를 물을 게 없네
    노를 들고 춤추는 파도 속의 나그네여

강변에서 강 건널 사람 찾으려 마오.
　　　　　　　　　　　　　　　　　—지해철의 게송

　　누가 제 자식을 버리고 싶으랴
　　강물 속에 던지고는 다시 찾지 않았네.
　　　　　　　　　　　　　　　　—삽계익의 게송 끝 구절

　　구름, 산, 바다, 달을 모두 버리니
　　장주莊周의 나비꿈이 길어졌네.

　　낭야 각이 이르기를
　　적을 속이는 자는 망한다 하니, 적은 누군가?

이 게송들의 뜻을 스님이 만약 모르시면
노파가 말한 "내가 일곱 아이를 낳아
여섯은 게송의 뜻을 알아주는 이를 만나지 못했는데
그 나머지는 한 아이마저 그 뜻을 얻지 못하였구나."라는 말의 뜻을
전혀 알지 못하는 것입니다.
깊이 생각해 보십시오. 하하.
간장은 소금으로 담그고 차는 불로 달입니다.

## 마음의 세속을 버려라

경운 스님이 진응 스님에게

부처님이 오시자 온 산의 원숭이와 학들이 모두 기뻐하니
그 마음에 숨어 있던 번뇌가 얼음 녹듯이 다 풀어졌습니다.
어진 사람이 지나간 자리에는 산천초목들도 모두 광채가 난다는 말이
사람을 속이지 않은 말임을 알겠습니다.
스님의 모습을 대하니 덕의 기운이 순수하게 넘쳐
사람으로 하여금 저절로 공경하게 하고 복종하게 합니다.
이십 년 전보다 몰라보게 달라진 것은
서로 이야기하는 말소리가
내 안의 큰 종이 되어 울리는 것 같다는 것이었습니다.
그것은 부처님의 법을 모두 섭렵했기 때문일 것입니다.
예전 금강연화상의 부처님이 대승비구로 응신하심이 아닌가 생각하여

마음으로 꺾이고 탄식하였습니다.

왜냐하면 스님의 박식함이 너무도 뛰어났기 때문입니다.

저와 같은 노승들로서는 스님을 스승으로나 모실까

벗으로 사귀기는 불가능하다고 생각됩니다.

일찍이 영산회상의 유촉을 받지 않았던들

어찌 절이 기울어가고 있을 때에

부처님 혜명이 몇 번이나 끊어질 듯할 때마다

능히 이을 수 있겠습니까.

서울에 사시는 박한영 스님과 더불어 폐와 간을 서로 비추며

한 마음으로 죽을 힘을 다하여 이 종교를 바로잡아서

마군魔軍에게 포섭되지 않기를 간절히 바랍니다.

또한 제가 원하는 것은 모름지기 스스로를 사랑하시고 중히 여기시어

병 없이 이 세상에 오래 머무시는 것입니다.

만약 하루아침에 병이 들어 도심道心이 업력業力을 이기지 못하면

후회해도 소용이 없습니다.

그리하여 항상 법이 뒤집히고 어지러워지면 다시 제대로 바로 세우는 일을

필생의 의무로 삼으셔서

세속에 섭렵되어 포대화상 같은 역행보살이 되거나

진실을 외면하는 일을 행하셔서는 안 되겠습니다.

스님의 말씀에도 많이 오르내렸을

『능엄경』에 몸을 닦는 대목에서와 같이

어리석은 것들을 끌어안고 궁리한다면 눈 안이 감로가루와 같아서

억겁이 흐르더라도 뒤집힌 생각들은 모두 제자리에 놓일 것입니다.

그렇듯이 모든 일을 행하기 전에 깊이 생각하는 것은

사람이 살아가는 데 꼭 필요한 도리라고 생각됩니다.

속세에서 얻은 것은 불필요한 것이든 그렇지 않든

그 속에는 많은 진실이 숨어 있습니다.

또한 눈을 감고 가만 생각해 보면

큰 바다는 온갖 강물을 다 받아들이듯이

스님의 법그릇은 큰 바다보다도 더 커서

하고자 하는 일이 불가능이 없고 하는 일들이 모두 참되어

큰 바다를 능히 능가합니다.

위 이야기들은 제가 스님의 분상에 공연히 마디와 목차를 정한 것뿐이지

저의 이러한 졸필로 감히 옳고 그름을 분간한 것은 아니니

크게 한 번 웃어버리십시오.

이 몸이 조만간에 껍질을 벗어버릴 날이 올 것인즉

부음이 들리거든 곧 오셔서

열 소경에 한 막대처럼 이 외로운 고혼을 쓰다듬어서

문득 서방정토로 돌아가는 바른길을 얻을 수 있도록 해 주십시오.

남의 말은 뒤로 미루고 종종 서로 알리기를 바라마지 않겠습니다.

# 업바람의 힘

경허 스님이 김석사 · 장상사 거사에게

부처님의 반야삼매의 힘으로 하루하루를 편히 지내신다 하니
경허는 기분이 좋습니다.
변변치 못한 이 중은 도에 매진하지도 못하고
또한 사람을 바르게 인도하지 못하니
비록 마음이 평안한들 무엇하겠습니까.
보내 주신 노래 세 편과 시 두 수를 읊으니
세상의 모든 시름들이 다 흩어지는 것 같습니다.
감상하느라 먹의 색깔이 변하고 종이가 다 해지도록
읽고 또 읽었습니다.
역시 노래와 시는 마음을 움직이는 힘이 있습니다.
그대가 마치 시와 문맥에 뛰어난

진조상서陳操尙書와 노방거사老龐居士 같았습니다.

그들이 다시 세상에 태어난 줄 알았습니다.

옛사람이 이르기를 "삶의 이치를 깨달음으로써

그 법칙을 삼으라." 하셨습니다.

대저 우리같이 불법을 연구하고 배우는 이가

진실된 곳으로 향하지 않고 한갓 허욕에 휩싸여 말과 문자와

단순히 학식의 높고 낮음에 사람을 비유하는 것은 옳지 않은 일입니다.

이는 업바람의 힘에 헤매다 마침내는

스스로 마음의 평정을 잃게 하고 마는 것입니다.

부디 스스로 자기의 마음을 다스리기를 바랍니다.

서로 점점 거리가 멀어지면 만나기가 힘들 것이니

항상 마음이라도 가까이 하였으면 합니다.

마침 인편이 있어 두어 자 안부를 묻습니다.

나머지는 길 떠나는 나그네에게 대필시키는 처지라서 이만 줄입니다.

*업바람 : 헛된 욕망.

# 탈속
모비구니 스님이 경허 스님에게

속세의 정을 털고 출가한 지 벌써 삼 년이 지났지만

아직도 깨달음에 닿지 못한 이 몸은

이 생각 저 생각에 마음이 산란합니다.

마음의 고요를 얻지 못한 까닭인지도 모릅니다.

공부를 하려고 앉아 있으면 혼침混寢에 빠져 늘 집중하지 못하고

때론 속세의 사람들이 그리워지는 것은 무엇때문일까요.

아직 내 마음의 경계조차 세우지 못하는

이 못난 비구니를 스님은 용서하는지요.

여인이 여인의 길을 거부하고 출가한다는 것이

얼마나 힘들고 고된 길인지를

스님은 제게 가르쳐 주셨지만 이제야 그것을 깨닫고 맙니다.

중에겐 속세의 그리움이란 있을 수 없으며

사람의 연은 더더구나 있을 수 없다는 것을 알면서도

끝내 연을 거역할 수 없는 깊은 혼침에 잠들고 맙니다.

가히 부처님께 억겁의 죄를 짓는 것 같아

이렇게 편지를 띄우고 산을 내려갑니다.

다시는 이 산을 오지 말라 하시면 오지 않을 각오로

산길을 내려가지만

가을산 쌓인 낙엽이 자꾸만 발목에 채입니다.

## 옳고 그름에 대한 헤아림
경허 스님이 모비구니 스님에게

혹 옳고 그름에 대한 헤아림을 다하지 못하였거나
옳고 그름의 헤아림을 다하였다 하여도
삶에 최선을 다하였다고 생각하지 마십시오.
어째서 그러한가?

    사오백 군데가 화류의 언덕이요
    이삼천 곳이 풍악이 잡히는 누각이로다.

또 생각해 보십시오.
이것이 삶에 대한 둘 없는 깊은 애증입니다.
비록 옳고 그름을 헤아려 안다고 해도

사람은 근본이 어리석고 악하기 때문에

일시에 잘못된 화답을 할 수 있습니다.

비록 자신이 이러한 마음의 경지에 이르렀다 해도 참을 위해

다시 삼생육십겁三生六十劫을 뉘우치고 뉘우쳐야 합니다.

# 선문답
춘성 스님이 경봉 스님에게

춘성 스님이 서울에서 편지로
어떤 것이 부처님의 사리입니까, 묻자
경봉 스님 대답하기를
서울에는 지금 곡식이 귀합니다.

## 바람벽

지월 스님이 경봉 스님에게

몹시 춥고 바람이 거세게 불다

동자의 목소리가 얼어붙어 말을 끊다

겨울산에 눈이 내려 마치 흰 두건을 맨 의병 같다

얼음 찬 물에 머리를 담구었더니

머리가 돌덩어리가 되다

왼 불경이 모두 얼음물에 얼어붙어

한마디도 나오지 않다

지독한 겨울 추위.

바람벽을 하고 서서 지는 해를 보았더니 스님 얼굴이 떠오르는구려.

발우에 저 지는 해를 담아 훌훌 마셨네.

어떻게 보내고 있나?

이 추운 겨울에 몸을 데울 한 장 도포를 두루고서

아직도 면벽을 하고 있나?


모든 것을 다 걷어붙이고 집에 닭을 그려 놓고

도소주屠燒酒나 한 잔 마시지 않겠나?

신년의 문안 감사하기 이를 데 없었으나

서신 끝에 적힌 것은 눈을 뜬 채 자리에 오줌 싸는 짓이니

제발 발 밑을 잘 살피시게.

# 북망산

경봉 스님이 고문평 거사에게

관성冠省.

이번 서귀포에서 보낸 편지를 보니 감회가 끝이 없습니다.

고향에 가서 보니 친구와 아버님마저 모두 간 곳이 북망산이니

스님의 느낌이 많을 듯합니다.

중이 속세의 인연을 거역해야 할 이유는 없습니다.

나를 낳아 주시고 길러 주신 어머니와 아버지가 분명 존재하나

또한 애써 집착을 할 필요도 없습니다.

그러나 속세의 연을 어떻게 잊을 수 있겠습니까.

우리 인생이 허환하고 무상하다는 것이 바로 이것 때문입니다.

사람이 나서 죽는 것은 불가분의 일이거늘

우리는 왜 그 죽음 앞에서 한없이 슬퍼해야 하는지요.

옛 성인들도 모두 이 인생의 무상함을 알고 더욱 수도에 정진하여

높은 성인聖人이 된 것이지요.

해정 거사도 회갑이 되거든

인생관을 한번 돌이켜보아

이 사바세계를 무대로 삼고 연극 한바탕 멋지게 하십시오.

인생은 어차피 연극이지 않습니까. 하하!

예전에 사명 대사의 스승인 서산 대사도

출가한 지 삼십 년 만에 고향에 가보니

사람은 죽고 집은 무너져 있어 그 슬픔을 이기지 못하고 시를 썼지요.

    삼십 년 만에 고향에 찾아오니

    사람은 죽고 집과 마을은 황폐해졌네

    청산은 말이 없고 봄 하늘은 저무는데

    두견새 소리만 아득하게 들려오네

    아녀자 일행이 창틈으로 엿보고

    이웃집 백발노인이 이름을 물어와

    어릴 적 이름을 일러주자

내 손을 붙잡고 우는데
　　푸른 하늘은 바다인 듯 달은 삼경이었네.


옛날 서귀포 초목도 다 땅으로 돌아갔을 테지요.
개천물과 대해수도 물은 물이지만
그 자체가 옛날 물 그대로가 아닌 것처럼
백사장의 흰 모래도 옛날 것이 아닐 것입니다.
그렇듯이 인생은 끝없는 윤회인 것입니다.
그러나 흰 모래는 흰 모래이니 옛날 생각을 하고 한번 둘러보십시오.
그러면 끊어진 속세의 연이 그림자처럼 밟힐 것입니다.
바로 이 생각이 고향을 사랑하는 마음이겠지요.
천자문에 추수동장秋收冬藏이라 하였으니
이 말을 명언이라 여기시고 부디 몸 건강히 잘 계십시오.


*해정 거사 : 고문평 스님의 불명.

# 마음속의 독을 버려라

경봉 스님이 만공 스님에게

어젯밤 장안사에서 기적 한 소리를 남기고 떠났는데

이미 물금에 도착하니 달은 서산에 기울고

동해 바다 찬란한 아침 태양은

푸른 하늘을 빛내고 있었습니다.

하룻밤 사이에 천리를 달려와 영축산에 가 닿아 보니

능소능란하게 마음의 칼을 들고 휘두르는 스님의 모습이

마치 적장의 급소를 찌르듯이 백성들의 마음을 깊이 헤아리니

어찌 칭송하고 찬양할 수 없겠습니까.

비록 마음의 독을 감추고 있지만

지혜와 재주가 남보다 몇 배 더 뛰어났으니

몇 번이나 백성들을 위해서 이렇게 정을 베푸셨습니까.

온갖 만물을 활활 타는 불속에 넣으면

그 모양과 본질은 전부 타버리나

그 중에서도 더욱 견고해지는 것은 금뿐입니다.

그렇듯이 푸른 못에 비친 허공의 달을

어찌 몇 번 건져보지 않고서야

세상의 깊은 이치를 깨달을 수 있겠습니까.


이 밝은 대낮에 세상을 속이지 마십시오. 악!

# 편지
녹원 스님이 경봉 스님에게

천만의외로 노사님의 편지를 받으니 정말 기쁘기 이를 데가 없었습니다.
평소에도 노사님의 법음을 듣기를 참으로 원하였으나
마침내 이 가을에 이르러 아주 우연히 운문사에서 듣게 되었습니다.
그리고 뛰어난 한 편의 율시律詩도 얻게 되었으니
이 감동을 다 어디에 전할지 모르겠습니다.

    백주 한 잔의 힘으로
    산중 십리 길을 걸었네
    묻노니 절이 어드매 있는고
    바위 아래 연기 어린 곳일세.

스님의 율시가 너무나 좋아 차라리 암송하게 되었습니다.

지난달 그믐께 구하 스님의 열반식 때 노사님을 잠깐 뵈었으나

그때는 황망중이라 인사드리지 못했는데

이렇게 스님께서 먼저 편지를 보내와 황송하기 이를 데 없습니다.

노사님의 법음을 들으니

열반하신 저의 스승 탄옹 스님의 법음이 그립고

더구나 노사님께서 저의 탄옹 스님의 유작시를 기억하시고

그 아름다운 필체로 써서 주시니 이 은혜를 다 어떻게 갚겠습니까.

즉시 표구하여 초당에 걸어두고

노사님과 탄옹 스님 두 법사님을 길이 기념하겠습니다.

 스님 연보

**경봉 스님**  한국불교의 선종사. 대종장. 통도사 방장. 시와 서예에 뛰어났다. 세수 91세로 입적.

**경운 스님**(1852~1936)  조선후기 스님. 불교학자. 17세에 구례 연곡사의 환월에게 출가 득도. 조선불교선교양종 교무원 교정 역임. 평생 동안 후학 양성. 나이 85세, 법랍 68세로 입적.

**경허 스님**(1849~1912)  한국불교의 큰스님. 32세에 홍주 천장사에서 용암의 법을 잇고 그후부터 초더에 선禪을 널리 알림. 세수 64, 법랍 52세로 입적.

**고문평 거사**(1912~1984)  호 해정. 제주 출생. 부산교육위원회 부회장. 경봉 스님에게 귀의 수행을 쌓음.

**고봉 스님**  황해도 장연 출생. 해인사에서 후학들을 지도. 세속70, 법랍 45년으로 입적.

**권상로 스님**(1879~1965)  불교학자. 호는 퇴경랑. 1962년 동국대학에서 명예 철학박사 학위. 문화훈장. 걸어다니는 도서관이란 별칭이 있을 정도로 당대 최고의

석학碩學.

**김정헌 거사**(1877~1945) 창원 출생. 벼슬을 정삼품인 비서원 승지 역임.

**만공 스님**(1872~1946) 조선말기 스님. 13세에 서산 천장산에서 태허에게 득도. 경허의 법을 이어 후에 선풍을 크게 떨침.

**박한영 스님**(1870~1948) 근대 불교 교육의 선구자. 19세 금산에서 출가 득도. 1913년 《해동불교》지를 창간. 불교전문학교 교장 역임. 조선불교 교정을 지내며 우리나라 불교 근대화에 힘쓰다가 세수 79, 법랍 60세에 정읍 내장사에서 입적.

**벽안 스님**(1901~1988) 1937년 통도사 경봉 스님을 은사로 출가. 내원사 선원에서 3년간 정진 끝에 깨달음을 얻음. 동국학원 이사장, 조계종 원로로 추대됨. 세수 88년, 법랍 54세 입적.

**석정 스님**(1928~) 법호 해봉. 근대 현존하는 대불화가. 강원도 고성에서 출생. 13세에 송광사에서 서두 스님을 은사로 출가. 14세에 불모佛母 김일섭 스님을 사사로 불화 수학. 현재까지 수많은 불화를 제작.

**석주 스님**(1909~) 1923년 남전 스님을 따라 선학원으로 출가. 1928년 범어사 남전 스님에게 득도. 불국사 주지. 선학원 재단 이사장 총무원장 역임.

**설봉 스님**(1890~1969) 조선말기 스님. 법명 학몽. 25세에 석왕사 성파 화상에게 득도. 범어사 방장으로 추대. 세수 80, 법랍 55세로 입적.

**용성 스님**(1864~1940) 남원 출생. 16세 해인사 화월 스님에게 득도. 1919년 조선 민족 대표 33인의 한 사람.

**운봉 스님**(1889~1943) 조선말기 스님. 법명 성수. 13세에 은해사 일하 스님께 득도. 제

방의 조실로 후학을 지도. 세수 58, 승랍 45세로 입적.

**운암 스님** 부산 안양암에서 혜월 스님을 오래 모신 스님.

**원담 스님**(1927~) 법명 진성. 마벽초 스님의 법을 이음. 현 덕숭총림의 방장으로 추대되어 후학들을 지도.

**일타 스님** 법호 동곡. 공주 출생. 1946년 고경 스님께 득도. 한국 불교의 율법을 창안한 대율주 스님. 송강사 방장 역임.

**장지연 거사**(1864~1921) 고종 때의 언론인. 황성신문 사장. 을사보호조약 때 '시일야방성대곡'이라는 글을 발표. 조·일 합병을 대성통곡하였음.

**적음 스님** 생몰연대 미상. 경허 스님의 제자 선학원 이사장 역임.

**정시우 거사** 힘든 고시 공부를 하다가 득도를 위해 통도사 극락암 경봉 스님을 찾았다가 경봉 스님에게 인연에 대한 설법을 듣고 귀경. 다시 고시 공부를 해 법관이 됨.

**제산 스님** 조선말기 스님. 14세에 득도. 해인사, 직시사에서 대중을 이끌다 세수 68, 법랍 56세로 입적함.

**종묵 스님** 한암 스님의 제자. 난암.

**진응 스님**(1873~1941) 15세에 화엄사 응암 스님에게 출가, 응암 스님의 법을 잇다 천은사, 대원사, 화엄사 등에서 경전을 강의. 세수 69, 법랍 54세로 입적.

**청담 스님** 진주제일보통학교. 1919년 3·1 독립운동을 하다가 체포되어 옥고를 치름. 26세에 옥천사 규영에게 출가 득도. 중앙종회장. 총무원장 종정 역임. 세수 70, 법랍 46세로 입적.

**추봉 스님** 생몰연대 미상. 통도사 구하 스님의 제자.

**춘성 스님**(1891~1977) 강원도 설악산에서 출생. 11세 백담사에서 출가. 만해 스님에게 득도. 신흥사 주지 망월사를 중수하고 한 평생 탈속한 추애노인으로 살다가 성남 봉국사에서 세수 87, 법랍 74세로 입적.

**탄허 스님** 전북 김제 출생. 불교학자. 22세 한암 스님에게 득도. 동국대학교 대학선원 원장.역경 원장 역임. 생전에 《불교저문강원교재》 68권의 저서를 집필. 세수 71, 법랍 49세로 입적.

**한암 스님**(1876~1951) 조선말기 스님. 19세에 금월 스님에게서 득도. 34세에 우두암에서 10년을 좌선. 조계종 초대 종정.

**한용운 스님**(1879~1944) 시인. 독립운동가. 별호 만해. 장주狀主인 경봉 스님에게「화엄경」을 배움. 시와 서예에 능했으며 기미년 3·1독립운동 때 민족대표 33인 중 한사람으로 일경에 체포되어 3년간 옥고 치름. 세수 66세로 입적.

**현로 스님** 생몰연대 미상.

**혜암 스님**(1884~1985) 법문 현문. 13세에 입산. 16세에 보암 스님을 은사로 득도. 만공 스님의 법을 이음. 세수 102, 법랍 86세로 입적.

**향곡 스님**(1852~1936) 16세에 내원사 성월 스님에게 득도. 운봉 스님의 법을 잇고 제방의 조실로 추대. 묘관음사에 주석하다 세수 68, 법랍 52세로 입적.

**홍득 스님** 생몰연대 미상.

**화산 스님**(1919~ ) 양산출생. 1936년 통도사 몽초 스님께 출가. 고경 스님의 법을 이음. 통도사 강사를 역임. 현재 대구 보람원 주석.

**환경 스님**(1887~1983) 독립운동가. 합천에서 출생. 13세에 해인사 백련암 연옹 스님에게 출가. 1년 동안 옥고를 치르다 해인사 주지 등을 역임. 세수 97, 법랍84세로 입적.

**효봉 스님**(1888~1966) 조선말기 스님. 26세에 일본 조도전대학 법학부 졸업 이후 10년간 서울, 함양, 평양에서 법란 생활. 자신이 재판한 죄인에게 사형을 선고한 이후 '인간이 인간을 심판할 수 있는가'에 대한 것을 고민하다가 출가. 59세 해인사 가야 총림 방장으로 추대. 세수 79, 법랍 42세로 입적.

화두, 편지

초판 1쇄 인쇄일 · 2004년 10월 6일
초판 1쇄 발행일 · 2004년 10월 15일

지은이 | 명정 스님 · 정성욱
펴낸이 | 노정자 · 정성욱
펴낸곳 | 도서출판 고요아침

출판 등록  2002년 8월 1일 제1-3094호
120-130  서울시 서대문구 북가좌동 328-2 동화빌라 102호
전화 | 302-3194~5
팩스 | 302-3198
e-mail  goyoachim@hanmail.net

ISBN 89-90317-29-0(03800)
값 11,000원

· 잘못된 책은 교환해 드립니다.